Sigrid Tschiedl

WERT SEIN

VdÄ

Mag. Sigrid Tschiedl

WERT SEIN

Mit Werten wirken

VERLAGSHAUS DER ÄRZTE

© **Verlagshaus der Ärzte GmbH**
Nibelungengasse 13
A-1010 Wien

www.aerzteverlagshaus.at

1. Auflage 2020

ISBN 978-3-99052-222-6

Umschlag: Malanda-Buchdesign Andrea Malek-Rappitsch, 8321 St. Margarethen/R.
Satz: Grafikbüro Lisa Hahsler, 2232 Deutsch-Wagram
Projektbetreuung: Hagen Schaub
Druck & Bindung: 2imPRESS s.r.o., 83104 Bratislava
Printed in Slovakia

Aus Gründen der leichteren Lesbarkeit – vor allem in Hinblick auf die Vermeidung einer ausufernden Verwendung von Pronomen – haben wir uns dazu entschlossen, alle geschlechtsbezogenen Wörter nur in eingeschlechtlicher Form – der deutschen Sprache gemäß zumeist die männliche – zu verwenden. Selbstredend gelten alle Bezeichnungen gleichwertig für Frauen und intersexuelle Personen.

Vor-Wert

Liebe Leserin, lieber Leser!

Am Anfang war der WERT! Und der Wert war uns nicht bewusst. Bis er uns plötzlich fehlte oder gefährdet war; bis wir ihn verteidigen oder um ihn kämpfen mussten – um ihn aktiv zu „erleben", ihn mit anderen zu teilen und um zu erkennen, wie viel er uns bedeutet.

Davon handeln sie alle, die „wertvollen" Geschichten unseres Lebens – berufliche und private. Es sind Geschichten über Aufbruch, Orientierung, Zugehörigkeit, Entwicklungsphasen und Balance. Und sie sind ganz persönlich. Sie erzählen darüber, wofür wir stehen, wovon wir überzeugt sind und wonach wir streben. Von der *Freiheit*, selbst über das eigene Leben zu bestimmen, über die *Ehrlichkeit*, die bekanntlich am längsten währt, oder die ständige Suche nach dem rechten Maß zwischen *Disziplin* und *Gelassenheit* bis hin zum dringenden Wunsch nach *Sicherheit*, *Solidarität* und *Gesundheit* in kritischen Zeiten wie der Coronakrise.

Werte bilden unser „Warum", unsere Antriebsbasis. Sie stiften Sinn, ziehen uns an, sie definieren die Systeme, in denen wir leben und arbeiten. Außerdem sind sie Ressourcen – denn Werte schaffen Werte – sie sind und tun alle *gut*. Doch nur dann, wenn sie auch bewusst gelebt, also *gezeigt*, *geteilt* und *geschätzt* werden; aber *wie* geht das? *Was* bewirken gelebte Werte?

Genau dieser Weg vom „Warum" über das „Wie" zum „Was" hat mich schon immer fasziniert.

Als Theatermensch bin ich davon überzeugt, dass die ganze Welt eine Bühne und das ganze Leben ein Theater ist. Und jeder von uns spielt im eigenen Leben, hoffentlich, die Hauptrolle. Eben diese Lebensgeschichte und Ihre persönlichen Rollen wollen gestaltet werden – authentisch aus- und eindrucksvoll. Dabei möchte ich Sie gerne unterstützen und Ihnen hiermit ein weiteres praktisches „Sach- und Machbuch" anbieten. Eines, das Ihnen Möglichkeiten bietet, Ihre persönlichen Werte besser kennenzulernen, ihre Wirkung zu verstehen und Ihre Botschaften aktiv und klar anderen transportieren zu können.

Der Weg zur *wertvollen Wirkung* führt dabei über drei Stufen:

- Erlaubnis
- Erlebnis
- Ergebnis

Erlaubnis bedeutet, jenen Werten, die Ihnen ganz persönlich wirklich wichtig sind, Raum zu geben, sie in den Fokus zu rücken.

Danach beginnt das *Erlebnis* mit Hilfe von „sinnvollen" Kommunikationstools aus meiner riesigen „*Wertzeugkiste*": von klarer innerer und äußerer Haltung über praktische Übungen zum Aktivieren und Vermitteln konkreter Überzeugungen bis hin zur authentischen Inszenierung machen Sie Ihre Werte sicht- und spürbar.

Und das *Ergebnis*? Das kann ganz unterschiedlich ausfallen. Vielleicht steht am Ende dieses Prozesses mehr Selbstbewusstsein oder Erfolg, berufliche Klarheit oder privates Glück. In jedem Fall wird das Ergebnis gut und „wertvoll" für Sie sein.

Denn ich bin sicher: Wer sich seiner persönlichen Werte bewusst ist und diese nach außen lebendig verkörpert, erzeugt Anziehung durch Ausstrahlung – mit Sinn.

So wird das „***Da***sein" zum „***Wer***tsein". ☺

Werte- und Wirkungswandel in Coronazeiten

Dieses Buch war schon lange geplant und fiel dann doch zufällig in die Zeit der akuten Coronakrise. Wie das Wort „Krise" schon andeutet, handelt es sich um eine Phase, in der wir uns besonders intensiv nach starken Werten sehnen, die uns Halt und Zuversicht geben. Und so gelangten gerade in den letzten Monaten Begriffe zu plötzlichem Ruhm, die sich bis dahin eher unauffällig im Hintergrund gehalten hatten oder im Vergleich zu bis dahin Erstrebenswertem etwas unaufregend klangen. Schnell werden „Nachhaltigkeit“, „Offenheit“ und „Toleranz“ nun zugunsten gestiegener Notwendigkeit von mehr „Geduld“, „Sparsamkeit“ oder „Wachsamkeit“ aus dem Rampenlicht verdrängt.

Manche meinen nun, mit dem Auftreten des Covid-19-Virus wird nichts mehr so, wie es vorher war, andere wünschen sich einfach nur genau dieses „Vorher“ zurück. Ich beobachte und erlebe die Entwicklung von mir selbst und den Menschen, die mich umgeben, mit Staunen und Neugier. Tatsächlich sehe ich wenig verschwinden, sondern eher pausieren, weniger Verlust als mehr Perspektivenwechsel und viele neue, interessante Möglichkeiten – Ergänzung statt Ersatz. Manches davon wird uns im Alltag erhalten bleiben, anderes sicher wieder in Vergessenheit geraten, aber entscheidend ist wohl immer, wie man im Hier und Heute mit den gegebenen Veränderungen und Anforderungen umgeht und welcher Mittel man sich dabei bedient.

In nur wenigen Monaten habe ich unendlich viele neue Kommunikationsschattierungen und -möglichkeiten kennen- und nutzen gelernt. Viele davon halte ich für sehr vielversprechend. Von der amikalen Begrüßung per Ellenbogenberührung mit sofortiger gemeinsamer Aussicht über die Bedeutung von Präsenz und Fokus im Online-Meeting bis hin zur mehr Herzlichkeit bei der Überwindung des sofortigen Gefühls von innerem Abstand und Vertrauensverlust durch das Tragen von Schutzmasken. Soziale Nähe bei gleichzeitiger physischer Distanz, Wert-Transport mit alten und neuen Mitteln. Dadurch entstehen geänderte Bedingungen, die einen geänderten Umgang mit alten und die Entstehung von neuen Mustern fördern.

Fakt ist, unsere Kommunikations- und Wertekultur entwickelt sich weiter – nicht freiwillig, aber vielseitig, nicht einfach, aber chancenreich.

Auf eine Entdeckungsreise zu mehr – vielleicht unbekannteren – wertvollen Möglichkeiten möchte ich Sie mit diesem Buch ebenfalls einladen.

Denn solange wir uns auf unsere *Wert-schätze* besinnen und sie nutzen, sehe ich die Zukunft positiv und bunt – und ich bin überzeugt, alles wird „anders gut“! ☺

Ihre
Sigrid Tschiedl

Inhalt

KAPITEL 1

Was ist das, WERT?

Darf ich mich vorstellen? Damit Sie sich einen ersten, groben Eindruck von mir machen können?

Darüber, wer und wie ich bin?

Mein Name ist Sigrid Tschiedl, Regisseurin, Trainerin, Rampenfrau, Unterhalterin, Autorin, Mutter, Tochter, Coach, Freundin, Partnerin, Impulsgeberin u.v.m.

Ich mag Menschen. Ich will viel erleben. Ich möchte guttun.

Was sagt das über mich aus? Erst einmal nur, wie ich mich selbst sehe. Und wie ich will, dass andere mich sehen. Sonst scheinbar nichts. Es sagt nicht aus, ob ich damit glücklich, erfolgreich, besser oder schlechter als andere bin. Es sagt nicht aus, ob andere auch so über mich denken. Es sagt schon gar nicht aus, wofür das gut sein soll.

Und dennoch liegt hier der Beginn von allem. Denn im Bild, das wir über uns selbst und die Welt haben, in unserer Haltung und inneren Einstellung, liegen sie versteckt, die Werte! Wir bemerken es nicht einmal. Sie beeinflussen unsere Entscheidungen, ob im Beruf oder bei der Partnerwahl. Sie ziehen uns an, an anderen und geben uns Sinn und Kraft, wenn wir sie selbst leben und teilen können. Sie sind uns Antrieb und Aussicht.

ÜBUNG

Lesen Sie bitte die ersten drei Sätze meiner Selbstbeschreibung noch einmal durch. Welche Werte erkennen Sie, die mich in all diesen, meinen Lebensrollen bewegen? Nennen Sie einige Begriffe, die Ihnen dazu einfallen:

Auflösung:
Empathie/Mitgefühl, Achtsamkeit, Freundlichkeit, Herzlichkeit, Hilfsbereitschaft, Idealismus, Aufgeschlossenheit, Begeisterung, Offenheit, Abenteuer, Freiheit, motivierend, inspirierend, Interesse, Mut, Präsenz, sensibel, Verantwortung, Zuversicht.

Willkommen in der Welt der Werte

Anmerkung: In diesem Buch kommen hauptsächlich jene ca. 130 Wertbegriffe zur Anwendung, die aktuell als „echte" Werte anerkannt sind und gelten. Sie finden eine Auflistung in der Umschlagklappe und in diesem Buch (siehe Anhang). Bitte nutzen Sie diese Werteliste gerne jederzeit für die angeführten Übungen. Sollten Sie einen gewünschten Begriff nicht in der Liste finden, so existiert möglicherweise ein gleichwertiges Synonym dafür (siehe Anhang Seite 161 ff.) oder es handelt sich nicht im eigentlichen Sinn um einen Wert (siehe Ressource, Ergebnis, Bedürfnis o.Ä.)

Was sind Werte? Und was nicht?

„Willst du dich deines Wertes freuen, so musst der Welt du Wert verleihen", hat Johann Wolfgang von Goethe (1749–1832) einst schon gemeint.

Wobei *Werte* natürlich nicht erst seit damals den Alltag unseres Globus beherrschen. Sie beschäftigten bereits seit dem antiken Griechenland Forscher und Philosophen jeder Epoche. Platon (428/427–348/347 v. Chr.), Aristoteles (385–323 v. Chr.), Thomas Hobbes (1588–1679), Jean-Jacques Rousseau (1712–1778), Immanuel Kant (1724–1804) ... sie alle haben sich mit menschlichen *Werten* auseinandergesetzt. Und gerade heute, in Zeiten wie diesen, ist der Begriff „*Werte*" so richtig in aller Munde. Er wird fast schon inflationär verwendet, ja geradezu „beschworen".

Die Politik etwa bedient sich der *Werte*, um Abgrenzung zwischen Wählergruppen zu schaffen und/oder die gemeinsame Basis zu betonen: Tradition versus Innovation. Solidarität gegen Individualität. Auch in journalistischen Auseinandersetzungen sind die *Werte* nicht wegzudenken. Ebenso wenig in der Philosophie und der Soziologie. Fast überall in unserem täglichen Leben. Es wird momentan sogar von einer „Renaissance der *Werte*" gesprochen. So gaben etwa Entscheider aus der Wirtschaft in einer Studie des Dictyonomie-Instituts zu 75 % an, dass der Mangel an gemeinsamen *Werten* einer Beziehung schädlich ist. Denn richtig wertvoll werden sie erst dann, wenn sie geteilt werden.

In Unternehmen werden sie zum Beispiel benutzt (ab und an natürlich auch missbraucht), um ein erfolgreiches Image nach außen zu produzieren und die Belegschaft auf die Unternehmensziele einzuschwören.

In Vereinen wiederum sollen sie Menschen mit gleicher Gesinnung eine Möglichkeit der Zuordnung und Aktivierung bestimmter *Werte* geben. Signal: Komm – hier findest du genau das, wonach du suchst!

Und nicht zuletzt haben wir alle unsere persönlichen *Werte*, die unsere Entscheidungen und unser Handeln entscheidend mitbestimmen. Sie werden uns zum einen mitgegeben. Von den Eltern (z.B. Loyalität). Von den Systemen wie etwa der Schule (z.B. Pflichtgefühl) oder Vereinen (z.B. Teamgeist). Von der Gesellschaft (z.B. Höflichkeit). Zum anderen können wir sie natürlich auch erlernen. Und das passiert ganz beiläufig, ob jemand will oder nicht, und zwar durch jegliche Interaktion mit der Umwelt. *Werte*-lernen ist Teil der gesamten Persönlichkeitsentwicklung und geht bis ins hohe Alter.

Das Wort *„Wert"* wird also in unterschiedlichstem Kontext verwendet.

Aber was bedeutet es wirklich … und was nicht?

Was bedeutet „Wert"?

Das Wort *„Wert"* stammt aus dem Germanischen *„werþa"* und bedeutete „Kostbarkeit". Verwandt mit *„werþan"*, was soviel wie „werden/entstehen" hieß. Diese Begriffe gehen bis ins 9. Jahrhundert zurück, und schon damals sollte wohl „das *wert*schaffende Werden" gemeint sein. Konkret: Aufbauen und Bewahren von wichtigen Vorstellungen über die Entwicklung des Ich-Bewusstseins (vgl. Frank H. Sauer, www.wertesysteme.de/was-sind-werte).

Wofür steht ein Wert?

Werte sind im Allgemeinen erstrebenswerte, moralisch oder ethisch als gut befundene spezifische Wesensmerkmale einer Person innerhalb einer *Werte*gemeinschaft.

*Werte*begriffe sind vorwiegend Substantive, die immer gute Eigenschaften verkörpern. Sie symbolisieren die zwischenmenschliche Qualität von Charakteraspekten und nutzenstiftenden Merkmalen.

Was kann ein Wert?

- *Werte* stiften **Identität & Sinn**!
- *Werte* zu leben bewirkt **Zufriedenheit & Lebensqualität**!
- *Werte* wirken **magnetisch** auf ihr Umfeld!
- *Werte* helfen bei **Orientierung & Entscheidungen**!
- *Werte* sind **Motivation & Antrieb**!

Was also ist ein Wert?

Eine innere Haltung, die sich im Außen ausdrückt – spür-, sicht- und messbar! Alles, was somit gelebt, gezeigt, geteilt, gemessen werden kann, ergibt einen *Wert*. Was sich auch in unseren Grundüberzeugungen, Geisteshaltungen, Weltanschauungen, Leitbildern und Tugenden widerspiegelt (vgl. Frank H. Sauer).

Und was sind keine Werte?

Einige Begriffe werden als *Werte* bzw. *Wert*vorstellung verstanden und auch genutzt, müssen aber doch in andere Kategorien eingeordnet werden.

„Familie" zum Beispiel. Die ist kein *Wert*, Familie ist vielmehr ein „System". So wie auch eine Firma. Oder eine Partnerschaft, eine Freundschaft. Das alles sind „Systeme", …

Jedes Team ist ein System. Gemeinsame Werte machen es erfolgreich wirksam.

BEISPIEL

„Seine Familie kann man sich nicht aussuchen." Dieser Spruch ist altbekannt. Wenn man sich Katharinas Familie anschaut, scheint das allerdings kein großes Problem zu sein. „Bei uns geht es immer drunter und drüber, alle haben so ihre Macken. Aber wir lachen viel und gern zusammen. Und wir sind immer für einander da. Mit Herzlichkeit, Humor und Hilfsbereitschaft."

Thomas kann mit seiner Familie weniger anfangen. „Bei uns dreht sich immer alles um Pflichtgefühl, Sicherheit und Ansehen. Mir war das immer zu steif. Aber irgendwie ist es trotzdem in mir drin."

Manche Haltungen unserer Systeme übernehmen wir gerne, andere leben wir unfreiwillig und von einigen verabschieden wir uns bewusst. „Familie" ist kein Wert, aber in allen Familien wirken Werte, nur eben nicht die gleichen!

... in denen aber natürlich jede Menge *Werte* wirken, die eine Überzeugung, eine Haltung, eine Einstellung, ein Leitmotiv, eine Vision wiedergeben. Lebt man diesen *Wert*, dann wird am Ende des Tages Erfolg/Zufriedenheit/Glück stehen – das „**Ergebnis**"!

Bleibt noch die Frage, wie man dieses Resultat letztendlich erreichen kann, wie der Weg dorthin funktioniert. Dafür braucht man „**Ressourcen**" (Kraftquellen). Das sind materielle und immaterielle Güter und auch *Werte*, die einzelne Personen, Arbeitsgruppen, Unternehmen und komplexe Systeme befähigen, eigene oder vorgegebene Ziele selbständig und eigenverantwortlich zu erreichen.

- Volkswirtschaftliche Ressourcen sind z.B. Boden, Kapital und Arbeit.
- Betriebswirtschaftliche Ressourcen sind z.B. Produktionsfaktoren.
- Persönliche Ressourcen sind z.B. Kompetenzen, Potentiale und Talente.

Aber – um die Sache gleich ein wenig zu verkomplizieren ☺ – es gibt auch **Ressourcen**, die zum Teil **Ergebnisse** sind: Glück, Erfolg, Wohlstand, Zufriedenheit. Und weil der gordische Knoten noch nicht unentwirrbar groß genug ist, gibt es auch *Ergebnisse*, die entgegengebrachten **Werten** entsprechen: Zum Beispiel Dankbarkeit, Vertrauen, Solidarität ...

Um herauszufinden, was wir wo einordnen können, „besorgen" wir uns kurz einmal einen *Wert*?

Wir wollen „Verlässlichkeit"!

Wo finde ich „Verlässlichkeit"?

Antwort: In einem System = z.B. Partnerschaft.

Was setze ich ein, um einen Wert zu erlangen oder zu steigern?

Antwort: Ressourcen und/oder Aktiv-*Werte*. Also setze ich meine Liebe sowie meine Aufmerksamkeit ein.

Wie wirkt sich das aus?

Ich bekomme die erwünschte Verlässlichkeit – sie zeigt sich zum Beispiel durch Einhaltung von Vereinbarungen.

Jetzt sind sicherlich alle total verwirrt. Aber da kann Abhilfe geschaffen werden – jetzt bitte Sie:

ÜBUNG

System, Ressource oder Ergebnis? Was ist was?

Ordnen Sie die folgenden Begriffe der jeweiligen Kategorie zu. Handelt es sich um ein System/S, eine Ressource/R oder ein Ergebnis/E?

ACHTUNG: Keine dieser Bezeichnungen stellt einen „Wert" (innere Haltung, Überzeugung) im eigentlichen Sinne dar! Überlegen Sie einfach:

- Braucht man das zum Start/zur Bewegung? → Ressource/R
- Ist das ein Ziel, das ich/jemand erreichen will? → Ergebnis/E
- Hat es Regeln? → System/S

☐ Gesellschaft	☐ Zeit	☐ Wachstum
☐ Entspannung	☐ Heimat	☐ Geschicklichkeit
☐ Ehrgeiz	☐ Seelenfrieden	☐ Genugtuung
☐ Begabung	☐ Spiel	☐ Universität
☐ Freundschaft	☐ Vorbild	☐ Vision
☐ Wohlstand	☐ Religion	☐ Erfolg

Auflösung: S, E, R, R, S, E, R, S, E, S, R, S, E, R, E, S, R, E

Achtung, sehr wichtig:

Lassen Sie sich bitte nicht von den vielen komplizierten Begriffen und Kategorien verwirren oder gar entmutigen. Wenn Ihnen ein Wort persönlich als wichtiger Wert erscheint und Sie sich mit keinem anderen so richtig anfreunden können, so verwenden Sie es selbstverständlich weiterhin für sich in Ihrer persönlichen Bedeutung! So lange, bis Ihnen ein anderes Wort passender oder präziser erscheint. Das eben genau Ihrer Haltung und Wertvorstellung entspricht.

Ich möchte Ihnen keinesfalls etwas wegnehmen. Schon gar nicht Ihre Werte! ☺

Im Gegenteil. Ich möchte Ihnen dabei helfen, sich im Dschungel der vielen unklaren Wortschlingpflanzen etwas leichter Orientierung zu verschaffen. Dafür musste ich mich selbst mit der Machete durch so manches Begriffsdickicht kämpfen und gelegentlich stehe ich wieder einmal vor einem undurchsichtigen Dornengestrüpp und frage mich, was wohl dahinter versteckt ist. Das ist das Forscherabenteuer daran, zu dem ich Sie herzlich einlade. Und ich kann Ihnen versichern, so vieles wird leichter, wenn man sich erst einmal mit Werten näher beschäftigt. Man wird mit jeder Menge Aussicht und Einsicht belohnt.

Werte-Kreislauf

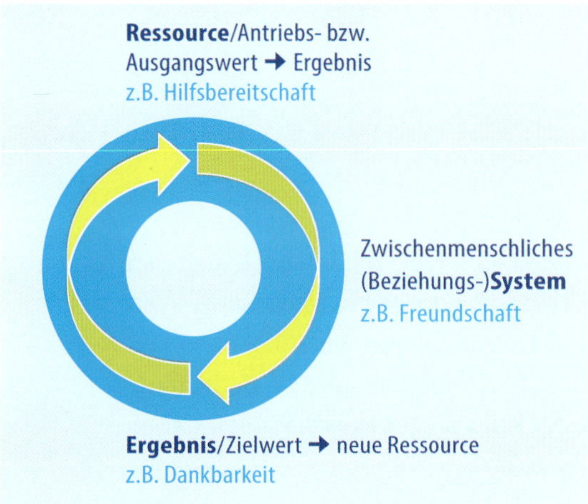

In der Abfolge des Ressourceneinsatzes innerhalb von Systemen, um zu einem gewünschten Ergebnis zu gelangen, entsteht im Idealfall ein gesunder Kreislauf. Dieser schafft wiederum neue, wertvolle Ressourcen/Werte. Besonders dann, wenn es um immaterielle Werte geht, in zwischenmenschlichen Systemen. So entsteht ein Kreislauf, den wir entweder als gesund und förderlich erleben oder aber als belastend und auslaugend, je nach Balance zwischen Einsatz und Resultat des Prozesses.

Wozu sind Werte gut?

Vorweg: *Werte* sind Basis für Glück und Zufriedenheit. Aber nicht nur deshalb lohnt es sich, sich mit *Werten* zu beschäftigen, die alle eines gemeinsam haben: Sie sind nicht richtig oder falsch. Keiner ist besser, keiner schlechter ... sie sind alle GUT!

Und noch etwas: Für den Einzelnen müssen sie nicht die gleiche Bedeutung haben. Allerdings: Wenn man seine *Werte* kennt, dann helfen sie, die Orientierung im Leben zu finden. Sich dorthin zu wenden, wo man hingehört. Dorthin, wo man sie leben kann: im Berufsleben, in der Partnerschaft, in der Freizeit ...

„Werte stiften Sinn, denn alles,
was für mich wertvoll ist,
gibt meinem Leben Bedeutung!"

Viktor Frankl

Viktor Emil Frankl (1905–1997) war ein österreichischer Neurologe und Psychologe.

Er begründete die Logotherapie und Existenzanalyse, die vielfach auch als die „Dritte Wiener Schule der Psychotherapie" bezeichnet wird. Eines seiner bekanntesten Werke ist das im Jahr 1946 erschienene *...trotzdem Ja zum Leben sagen: Ein Psychologe erlebt das Konzentrationslager*, in welchem Frankl seine Erlebnisse und Erfahrungen in vier verschiedenen Konzentrationslagern, darunter Auschwitz, während des Zweiten Weltkriegs schildert.
Frankls „Logotherapie und Existenzanalyse" ist eine international anerkannte, empirisch untermauerte sinnzentrierte Psychotherapierichtung.
Sein Konzept leitet sich aus drei philosophischen und psychologischen Grundgedanken ab:

- Freiheit des Willens
  „Die Logotherapie/Existenzanalyse sieht den Menschen (...) als grundsätzlich entscheidungs- und willensfreies Wesen, das befähigt ist, zu inneren (psychi-

schen) und äußeren (biologischen und sozialen) Bedingungen eigenverantwortlich Stellung zu nehmen. Die Freiheit des Menschen ist dabei definiert als der Gestaltungsfreiraum des eigenen Lebens im Rahmen der jeweils gegebenen Möglichkeiten."

- Wille zum Sinn
  „Der Mensch ist nicht nur frei, sondern in erster Linie frei auf etwas hin. Seine Gestaltungsfähigkeit sucht nach Ausdrucksmöglichkeiten in sich und der Welt. Logotherapie und Existenzanalyse betrachten die Suche nach Sinn als Grundmotivation des Menschen. Kann der Mensch seinen ‚Willen zum Sinn' in der Lebenspraxis nicht zur Geltung bringen, so entstehen bedrückende Sinn- und Wertlosigkeitsgefühle (...)."
- Sinn im Leben
  „Die Logotherapie und Existenzanalyse ist von dem Gedanken getragen, dass Sinn eine Wirklichkeit in der Welt ist und (...) der Mensch durch seine Willensfreiheit und Verantwortungsfähigkeit aufgerufen ist, das Bestmögliche in sich und der Welt zur Geltung zu bringen (...)
  Sie offeriert keinen allgemeinen Lebenssinn (...) Denn in jeder Situation warten auf jeden Menschen jeweils andere Sinnmöglichkeiten darauf, von ihm erkannt und verwirklicht zu werden."

Quelle: www.viktorfrankl.org/Autor: Alexander Batthyány

Warum (mir) das wichtig ist?

Frei-willig, eigenverantwortlich und gestaltend zu leben, im Wandel von Situationen und Möglichkeiten, ist also einer der bedeutendsten Schlüssel zu einem Leben, das für einen Menschen als sinn-, wert- und bedeutungsvoll wahrgenommen werden kann. Dabei wirken die persönlichen *Werte* entscheidend mit.

Anmerkung:

Unzählige Philosophen, Psychologen und Forscher haben sich bereits mit dem Thema „Werte" auseinandergesetzt, so etwa von Aristoteles und Platon über Erich Fromm (1900–1980) und Viktor Frankl bis hin zum Psychologen Friedemann Schulz von Thun (geb. 1944). Jeder auf seine Art und mit unterschiedlichen Betrachtungsweisen und Ergebnissen. Auch mein Zugang zu dieser Materie ist nur EIN Zugang. Ich lade Sie herzlich ein, ihn für sich individuell zu prüfen, zu nutzen und weiterzuentwickeln. Denn eines haben alle Werterforschungen gemeinsam: Sie beschäftigen sich mit dem, was guttut!

Die ersten Schritte ...

Kennt man seine persönlichen *Werte* und handelt danach, formt dies den Charakter und festigt die Persönlichkeit. Sie sind der Grund dafür, aktiv zu werden. Denn: Man will seine *Werte* ja auch verbreiten, teilen, den einen oder anderen Mitmenschen ins Boot holen. Steht man zu seinen Werten und Überzeugungen, macht einen das auch für andere greifbarer. Aber Vorsicht: „Geistige *Werte* müssen uns ansprechen wie Könige – sie dürfen nicht aufgedrängt werden“, wie schon der Philosoph Arthur Schopenhauer (1788–1860) erkannte.

Noch mehr Theorie ...

Werte-Balance

James Bond ist nicht nur dafür berühmt, noch jeden seiner kriminellen Gegner „erledigt“ zu haben, sondern auch dafür, dass ihm (fast) keine Frau, die seinen Weg kreuzt, widerstehen kann. Jeder Mann möchte 007 sein ... und (fast) jede Frau an seiner Seite.

Aber warum ist James Bond so lässig? Kurze Frage, einfache Antwort: Er lebt sie, die perfekte Balance zwischen Präzision und Gelassenheit. Man stelle sich vor, der Geheimagent übertreibt es mit der Präzision, dann würde er zum unsympathischen Pedanten. Die Gelassenheit kann schnell zur Gleichgültigkeit verkommen. Möchten Sie jetzt noch ein Bondgirl sein? Ist uns 007 dann noch sympathisch?

James Bond – die perfekte Balance aus Präzision und Gelassenheit...

Und schon kippt der *Wert* zum Un*wert (bzw. zur „entwertenden Übertreibung“).*

Und damit wären wir schon bei einem wichtigen Merkmal des *Wertes*: Jeder *Wert* kann nur dann seine volle konstruktive Wirkung entfalten, wenn er sich in ausgehaltener Spannung zu einem positiven Gegen*wert* befindet. Ohne diese Balance verkommt ein *Wert* zu seiner ent*wert*enden Übertreibung, dem Unwert! So braucht es zum Beispiel neben der Sparsamkeit auch Großzügigkeit, um nicht zum Geizhals zu verkommen. Und umgekehrt bewahrt die Balance mit der Sparsamkeit den Großzügigen vor der Verschwendung.

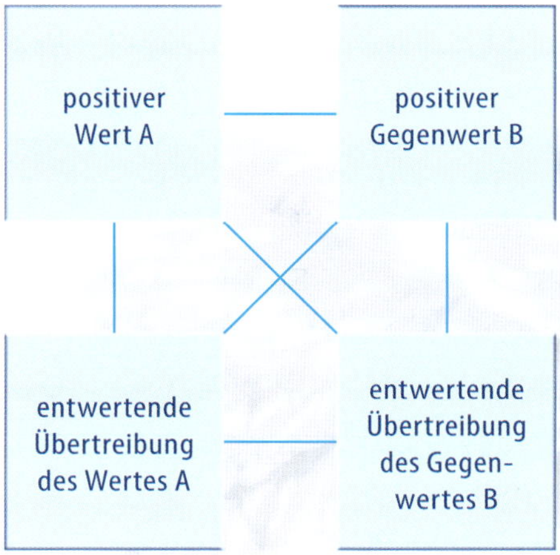

Besonders eindringlich setzte sich Friedemann Schulz von Thun mit dem Gleichgewicht und der Entwicklung von Werten auseinander. Das von ihm entwickelte Modell des „Werte- und Entwicklungsquadrats“ sieht so aus:

Im Fall von James Bond würde das bedeuten:

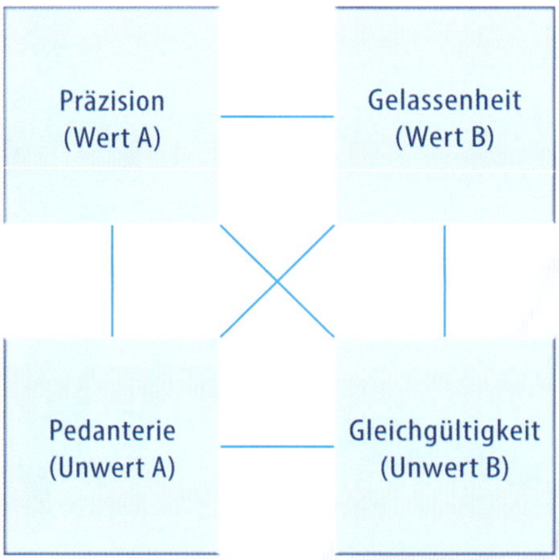

Und wenn wir von Ehrlichkeit und Rücksichtnahme sprechen, sieht das Ganze so aus:

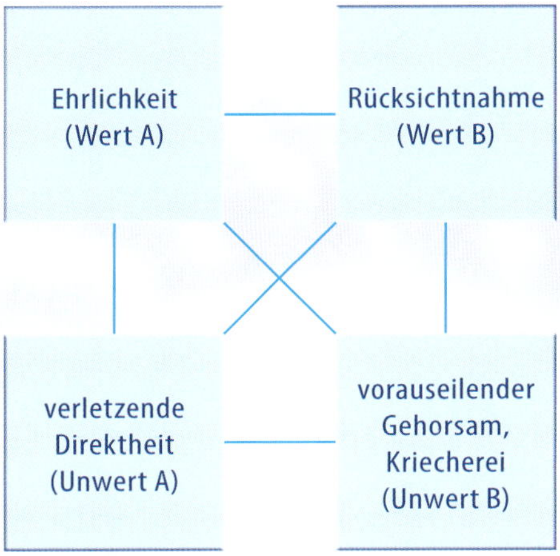

Kästchen für Kästchen ...

Klingt kompliziert? Dann lassen Sie uns als erste Übung ein einfaches Wertequadrat gemeinsam befüllen.

Wir „besorgen" uns wiederum einen einfachen Wert A, z.B. Sparsamkeit.

Mit welchem Wert muss Wert A „Sparsamkeit" in Balance stehen, um positiv zu wirken?

Antwort: Wert B = Großzügigkeit.

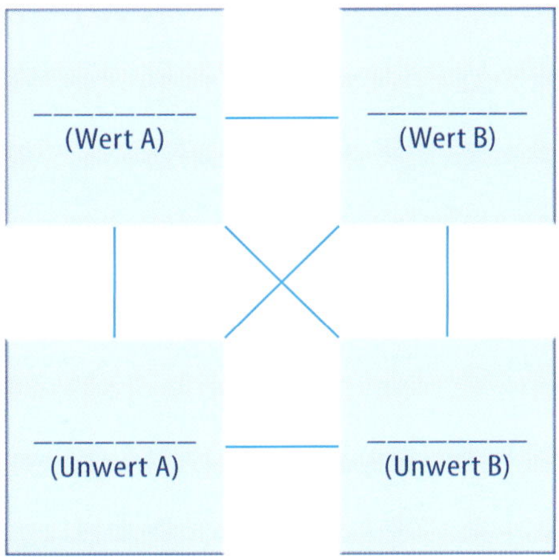

Warum?

Was passiert, wenn die Sparsamkeit übertrieben wird?

Antwort: Unwert A/entwertende Übertreibung: Geiz.

Ohne das sensible Einbeziehen von Situation und Person kann Sparsamkeit ganz schön knausrig werden.

Und was entsteht, wenn Großzügigkeit bis zum äußersten getrieben wird?

Antwort: Unwert B/Verschwendung. Die uns selbst schaden kann.

Anmerkung:
Vielleicht fällt Ihnen bei der Betrachtung der Begriffe zur Grafik auf Seite 27 etwas auf. Bei Sparsamkeit und Großzügigkeit ist es noch einfach. Aber wie leicht fällt es Ihnen, das positive Gegenstück, den Gegen*wert* zur Ehrlichkeit zu benennen? Gar nicht so einfach, oder? Hätte ich Sie jedoch gefragt, was das Gegen*teil* von Ehrlichkeit ist, dann wären Ihnen sicher schnell so einige Begriffe in den Sinn gekommen, oder? Lüge, Unwahrheit, Falschheit. Und wenn ich nach dem Gegenteil von Rücksichtnahme frage, fallen Ihnen dann nicht sofort Gemeinheit, Selbstsucht, Unachtsamkeit ein? Zumeist sind wir es gewohnt, in Gegen*teilen* zu denken, nicht in Gegen*werten*. Besonders, wenn wir andere bewerten oder uns abgrenzen oder über andere erhöhen wollen. Die gute Nachricht ist, das ist ganz normal. Die nächste gute Nachricht ist, Sie können nun anfangen, auch in Gegenwerten zu denken. Anstatt sich also vorzustellen, dass für alles Positive ein negatives Gegengewicht notwendig ist, dürfen sie gerne an einen Regenbogen mit zwei Anfängen denken. Und an jedem Anfang steht ein wertvoller Goldtopf. ☺

Balanceakt

Egal, in welchem System wir uns mit unseren Werten bewegen, die Balance ist letztendlich immer ausschlaggebend dafür, als wie wirkungsvoll und erfolgreich wir sie erleben. Die Konzentration auf die Stärkung und das Ergebnis von einer Seite bewirkt zwangsläufig am Ende immer einen Unwert. Es ist eine Sackgasse. Will man sich in einem bestimmten Gebiet aus innerem Antrieb heraus besonders motiviert steigern oder weiterentwickeln, so ist es dringend notwendig, ebenso viel Aufmerksamkeit und Energie den notwendigen Gegenwerten zukommen zu lassen. Nur so schaukeln sich beide Werte nach oben und verstärken das Ergebnis.

Gleichgewichtsverlust

Achtung, jetzt wird es sehr persönlich.

Vor einigen Jahren verrannte ich mich selbst in einigen Werten. Ich hatte hohe Ziele. Selbstdisziplin, Aktivität, Anerkennung, Liebenswürdigkeit standen für mich rund um die Uhr an der Tagesordnung. Gute Noten, jede Menge Freizeitaktivitäten, immer vorne mit dabei, keine Pausen und dabei immer lustig, freundlich, verständnisvoll in jeder Gesellschaft, die mich umgab. Unmerklich, aber unausweichlich landete ich in einer Sackgasse. In einer Sucht. Der Ess-Brech-Sucht oder auch Bulimie genannt (Anm. „Zum Kotzen", Buch erschienen 2008 im Verlagshaus der Ärzte). Vier Jahre lang hetzte ich Werten hinter, ohne überhaupt zu wissen, wozu oder ob es meine eigenen waren.

Aus Selbstdisziplin wurde Zwang, aus Aktivität Gehetztsein, aus meinem Wunsch nach Anerkennung eine Abhängigkeit davon, wie mich andere sehen, und aus meiner Liebenswürdigkeit Selbstaufgabe. Neben vielen negativen körperlichen und psychischen Auswirkungen, die diese Essstörung mit sich bringt, ist mir vor allem in Erinnerung, wie wert- und sinnlos ich mich fühlte.

Es dauerte Jahre, bis Gelassenheit, Gemütlichkeit, Selbstvertrauen, Ruhe und Leichtigkeit Platz in meinem Leben fanden. Ich muss sie nach wie vor bewusst kultivieren, damit das Gleichgewicht gewahrt bleibt. Der Schlüssel dazu ist für mich der Gedanke der „Erlaubnis" geworden. Ich erlaube mir die Vielfalt. Die Abwechslung zwischen Anspannung und Entspannung, zwischen aktiv sein und zulassen, die Prüfung meiner Werte auf persönliche Relevanz. Und die Gewissheit, dass das Bewahren dieses Gleichgewichts bedeutet, nie mit Sein und Werden fertig zu sein. ☺

Früher und heute ... die gleiche Person, andere Werte

ÜBUNG

Sie wissen nun, dass das Wertequadrat vier Begriffe enthält – Wert und Gegenwert oben, dazu die beiden passenden „Unwerte" (entwertende Übertreibung) unten. In jedem der nachfolgend abgebildeten Wertequadrate befindet sich bereits ein eingetragener Begriff. Bitte ergänzen Sie die fehlenden Begriffe. Wählen Sie dazu aus den Begriffen, die unten durcheinandergewürfelt angeführt sind. Am Ende befinden sich zwei leere Wertequadrate. Wählen Sie selbst einen Wert aus, der Ihnen wichtig ist, und versuchen Sie die Kästchen passend zu befüllen.

Wenn Sie sich zwischen den Begriffen verirren, versuchen Sie bitte folgende Eselsbrücke herzustellen: Ein Wert sorgt dafür, dass ein anderer sich entfalten kann. Ist dieser Gedankengang möglich? Dann handelt es sich um einen Gegenwert.

Die Begriffe:
Unbeherrschtheit, Launenhaftigkeit ▪ Weltfremdheit ▪ Überwachung ▪ Freiheit ▪ Idealismus ▪ Gefangenschaft, Abhängigkeit ▪ Leidenschaft ▪ Naivität ▪ Ausgeglichenheit ▪ Kontrolle ▪ Anarchie, Chaos ▪ Ideen-/Phantasielosigkeit ▪ Vertrauen ▪ Leichtsinn/Übermut

a) Wert A: Sicherheit

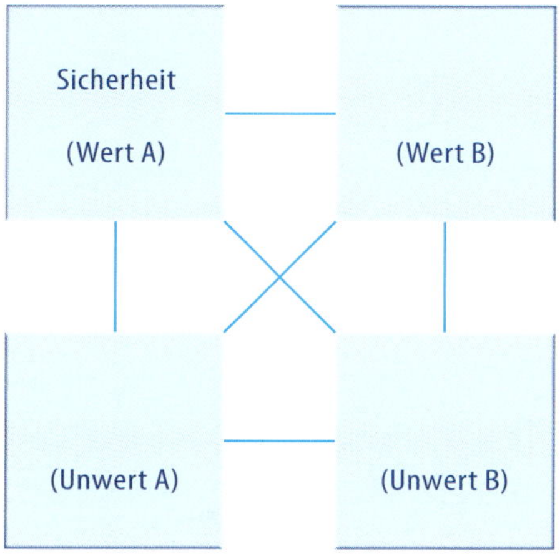

b) Unwert B: Überwachung

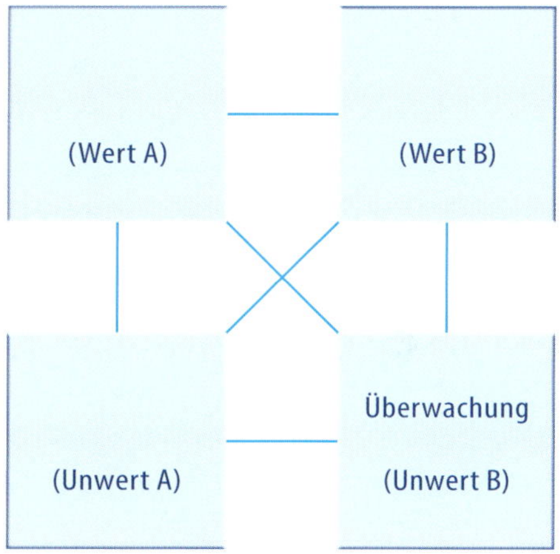

c) Wert B: Realismus

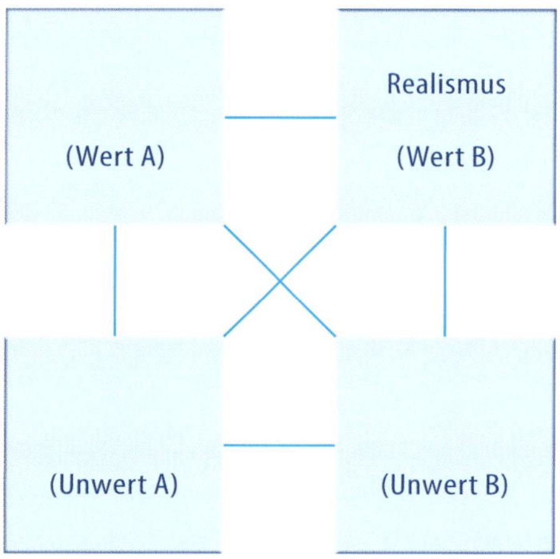

d) Unwert A: Bedeutungslosigkeit/ Antriebslosigkeit

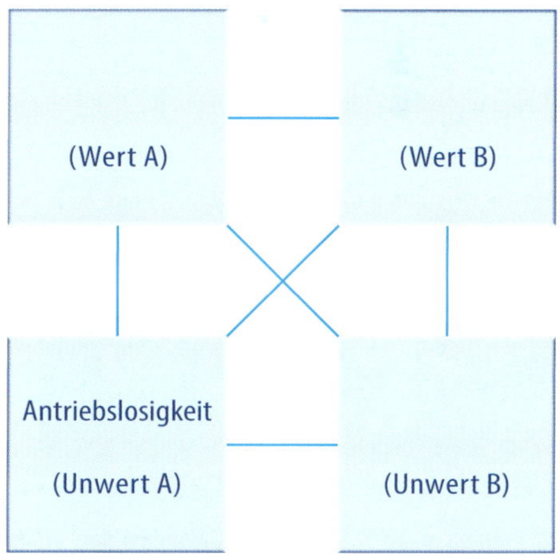

Hier die Auflösung; die Klammern verraten, wo was hingehört: Unbeherrschtheit, Launenhaftigkeit (d/UB), Weltfremdheit (c/UA), Überwachung (b/UB), Freiheit (a/WB), Idealismus (c/WA), Gefangenschaft, Abhängigkeit (a/UA), Leidenschaft (d/WB), Naivität (b/UA), Ausgeglichenheit (d/WA), Kontrolle (b/WB), Anarchie, Chaos (a/UB), Ideen-/Phantasielosigkeit (c/UB), Übermut, Leichtsinn (a/UB), Vertrauen (b/WA)

Sie können sich hier auch gerne mit eigenen Begriffen versuchen:

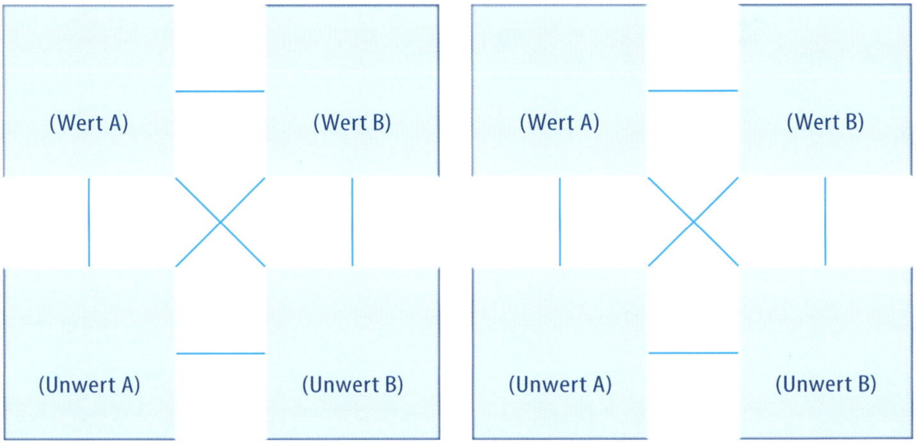

Anmerkung:
Für die Herstellung einer konstruktiven Spannung zwischen zwei Gegenwerten eignen sich besonders die (von mir) sogenannten „Joker-Werte“ oder „Verbinder“. Mehr darüber erfahren Sie in Kapitel 5 „Schätzens-Wert“.

Meine Omi hat immer voller Überzeugung gesagt: „Gleich und Gleich gesellt sich gern.“

Ein paar Minuten später hat sie, ebenfalls völlig selbstsicher behauptet: „Gegensätze ziehen sich an.“

Was denken Sie? Wer hat nun recht? Richtig, meine Omi natürlich. Und zwar mit beiden Sprüchen.

Wie eben im Wertequadrat beschrieben, gibt es Werte, die einander vordergründig „widersprechen“, obwohl sie beide gut sind. Ebenso gibt es natürlich Werte, die einander unterstützen, ergänzen oder gerne in „Gruppen“ auftreten. Sie tauchen häufig gemeinsam auf oder werden in ihrer Wirkung ähnlich definiert und wahrgenommen.

ÜBUNG

„Werte-Gefährten“

Welche Werte unterstützen einander oder wirken auf ähnliche Weise?

Ordnen Sie die im nächsten Absatz angeführten Begriffe den unten abgebildeten drei Kreisen zu. Welcher passt tendenziell am besten zum jeweiligen Hauptbegriff über den Kreisen? Achtung: Es gehören maximal fünf Begriffe in einen Kreis.

Die Begriffe:

Achtsamkeit, Agilität, Aktivität, Anstand, Aufgeschlossenheit, Aufmerksamkeit, Beharrlichkeit, Disziplin, Effektivität, Empathie, Entscheidungsfreude, Fleiß, Freude, Fröhlichkeit, Herzlichkeit, Hilfsbereitschaft, hoffnungsvoll, Höflichkeit, Innovation, Leichtigkeit, Liebenswürdigkeit, Offenheit, Pflichtgefühl, Redlichkeit, Rücksichtnahme, Verantwortung, Zielstrebigkeit.

a) Optimismus **b)** Freundlichkeit **c)** Tüchtigkeit

Auflösung:

Achtsamkeit (b), Agilität (a), Aktivität (c), Anstand (b), Aufgeschlossenheit (a), Aufmerksamkeit (b), Beharrlichkeit (c), Disziplin (c), Effektivität (c), Empathie (b), Entscheidungsfreude (c), Fleiß (c), Freude (a), Fröhlichkeit (a), Herzlichkeit (b), Hilfsbereitschaft (b), hoffnungsvoll (a), Höflichkeit (b), Innovation (a), Leichtigkeit (a), Liebenswürdigkeit (b), Offenheit (a), Pflichtgefühl (c), Redlichkeit (c), Rücksichtnahme (b), Verantwortung (c), Zielstrebigkeit (c).

Werte passen dann zusammen in eine Blase, wenn sie gleichzeitig in einer Situation von einer Person verkörpert werden können. So können Sie zum Beispiel gleichzeitig freundlich und rücksichtsvoll wirken. Allerdings können Sie nicht gleichzeitig Standfestigkeit und Flexibilität repräsentieren. Hierbei handelt es sich um Gegenwerte (siehe oben).

Raucht Ihnen schon der Kopf? Das Aufwärmprogramm haben Sie mit Bravour geschafft. Da war ich in Kapitel 1 auf keinen Fall sparsam. Eher großzügig. Eine Fülle von Begriffen und Erklärungen aus der wunderbaren Wertewelt. Und jetzt nehmen wir sie ganz persönlich.

KAPITEL 2

Wert bin ich?

Will man wirkungsvoll die eigenen *Werte* transportieren, muss man sich zuallererst mit sich selbst und seinen eigenen Themen beschäftigen.

Was ist mir wirklich wichtig? Wonach strebe ich? Welche Haltungen und Glaubenssätze habe ich? Was bewegt mich und treibt mich an?

Zuerst einmal kommen die Bedürfnisse, die durchaus essentielle *Werte* sind. Zum Beispiel der intensive Wunsch nach Sicherheit oder Harmonie. Erst in der Folge können sich dann weitere Sehnsüchte entwickeln und entfalten. Soll heißen: Wo etwas fehlt, entsteht ein Bedürfnis. Kann man dieses stillen, wird der Weg frei, um sich weiterzuentwickeln.

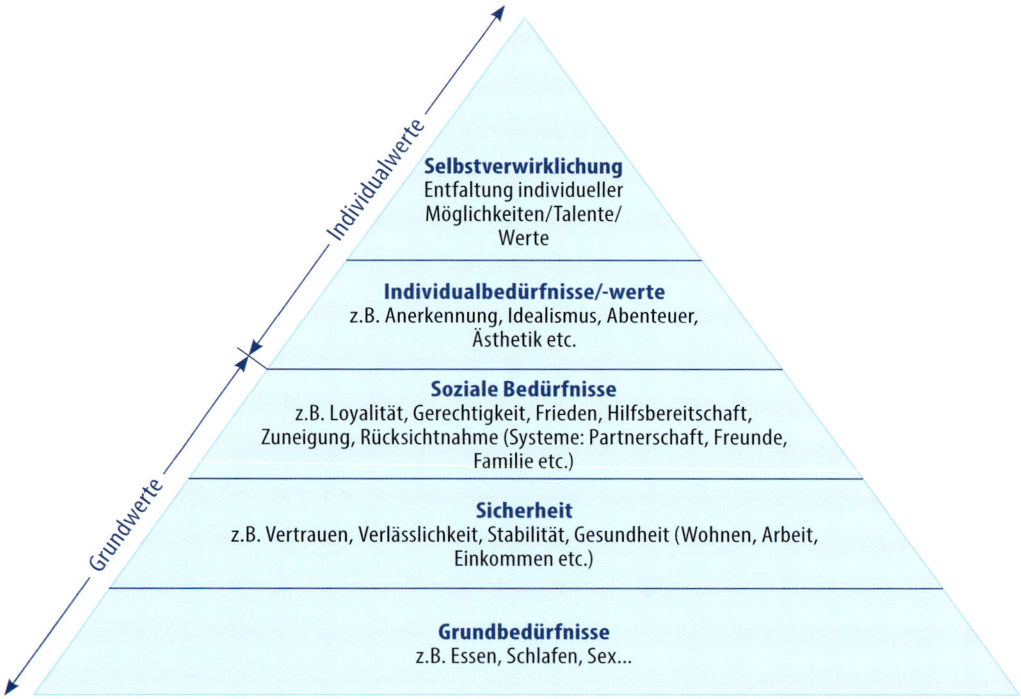

Diese Grafik ist angelehnt an die **Maslowsche Bedürfnishierarchie**, bekannt als *Bedürfnispyramide*

Vom Grundwert zum Individualwert – wert, werter, am wertvollsten

Manche Werte scheinen für uns notwendiger zu sein als andere. Sie liegen weiter unten auf der Bedürfnispyramide, verlieren an Bedeutung, wenn wir uns ihrer sicher fühlen, oder werden – mitunter als persönlich wichtig – bis an die Spitze der Pyramide getragen.

Wer in seiner unmittelbaren Umgebung keine Sicherheit spürt, hat keine Energie, sich mit individueller Entwicklung zu beschäftigen. Anders gesagt: Wer nicht weiß, womit er das Geld verdienen soll, um alle in der Familie satt zu bekommen, wird seinen Wunsch nach z.B. Andersartigkeit zurückstellen oder die Nachhaltigkeit seines Verhaltens in den Hintergrund rücken. Im Gegenzug jedoch kann die Aufgabe, anderen Sicherheit zu geben, auch zum höchsten Ziel erhoben und immerwährender Antrieb für einen Menschen werden.

Den Gedanken des US-amerikanischen Psychologen Abraham Maslow (1908–1970) weiterspinnend bedeutet das, dass wir bestimmte Werte bzw. den Wunsch danach alle gemeinsam haben und in Zeiten des Mangels auch miteinander teilen. Je gesicherter diese *Grundwerte* sind, desto eher können wir uns unseren spezielleren *Individualwerten* zuwenden und diese auf den oberen beiden Stufen weiterentwickeln.

Es gilt die Regel: Jeder Grundwert kann auch ein Individualwert sein, aber nicht jeder Individualwert ist auch ein Grundwert. ☺

Man kann also Werte nicht einfach auf einer (Bedürfnis-)Stufe miteinander vergleichen bzw. sie wiegen nicht für jeden gleich schwer. Was aber sehr wohl unterschieden werden kann, ist, ob ich einen Wert aktiv in die Welt hineintrage oder ob er mir entgegengebracht wird.

Produzieren oder konsumieren?

Die Frage ist also: Wird dieses Werte-Bedürfnis aktiv von mir selbst gestillt? Oder wird das für mich passiv erledigt?

Dazu ein **Beispiel**: Nehmen wir unseren Frühstückstisch her – liegen dort von mir zu Hause selbstgebackene Semmeln im Körbchen oder handelt es sich um Aufbackware aus dem Supermarkt? Beides stillt letztendlich das Grundbedürfnis, satt zu werden. Allerdings bin ich nur bei der Semmel „aktiv“ beteiligt – was dieses Frühstück wesentlich wertvoller macht.

Das zeigt: *Aktiv*-Werte, die von mir selbst eingebracht werden, sind befriedigender, sinngebend ... sorgen für mehr Zufriedenheit.

Das „Warum“ macht den Unterschied

In den „aktiv“ gelebten Werten lieg das berühmte „Warum“ versteckt. Jener Antrieb, der den Unterschied macht zwischen der simplen Befriedigung von Bedürfnissen und dem sinnstiftenden Erfüllen eines höheren Zwecks. Von aktiv gelebten Werten fühlen wir uns angezogen. Sie ergeben Sinn und motivieren uns auf dem Weg nach einem höheren Ziel.

Wenn wir die Warum-Frage beantworten können, kennen wir die Beweggründe eines Menschen oder den Motor einer Geschichte – im Privatleben, in der Wirtschaft und im Theater. Warum liest die Mutter das Tagebuch ihrer Tochter? Geht es ihr um Kontrolle oder Fürsorglichkeit? Wieso verlässt Herr H die Firma? Weil er seine Kreativität hier nicht leben kann? Oder weil ihm die Fairness fehlt? Warum verliebt sich Julia in Romeo? Ist sie durch seinen Mut beeindruckt? Hat er so viel Humor? Steht er für Abenteuer?

Der US-amerikanische Unternehmensberater und Autor Simon Sinek (geb. 1973) stellt in seinem millionenfach verkauften Buch *Frag immer erst WARUM* fest, dass

Menschen und Firmen, die ihr Warum kennen, keinerlei Probleme mit Eigenmotivation und -antrieb haben. Sie haben schlicht einen oder mehrere gute Gründe dafür, um morgens aufzustehen und aktiv zu werden. Also ihre Aktiv-Werte zu leben.

Motto bewegt

Und wo und wie findet man jetzt solche Aktiv-Werte, die uns zum Warum führen?

Man nehme sich doch einmal ein Motto zur Hand. Einen knappen Leitgedanken also, hinter dem sich Grundüberzeugungen und Werte verbergen.

Beispiel: „Jeder ist seines Glückes Schmied!" Wer da zustimmen kann, für den sind Selbstdisziplin, Zielstrebigkeit und Beharrlichkeit sehr wahrscheinlich Aktiv-Werte im Leben.

ÜBUNG

Welche Aktiv-Werte verbergen sich hinter folgenden Sprüchen?

a) „Geht nicht, gibt's nicht."

____

b) „Sei frech und wild und wunderbar."

____

c) „Schau'n ma mal, dann seh'n wir schon."

____

Auflösung:
a) Z.B. Optimismus, Zielstrebigkeit, Disziplin.
b) Z.B. Kreativität, Andersartigkeit, Abenteuer.
c) Z.B. Humor, Gelassenheit, Geduld.

Anmerkung:
Sicher kennen Sie den berühmten Spruch: Man kann Menschen nicht motivieren. Wahrscheinlich stimmt das auch. Allerdings ist jeder Mensch von Natur aus moti-

viert bzw. kann sich selbst motivieren. Ein Motto als Glaubenssatz und *wertvoller* Antrieb kann Hinweise auf die Beweggründe von Menschen in bestimmten Situationen liefern. Außerdem liefert es uns eine positive Sicht auf das Leben und die Welt und erinnert uns daran, warum und wie sich alles lohnt.

ÜBUNG

Welches Motto bewegt Sie/dich? Welche Werte stecken dahinter?

Keine Sorge, es muss nicht gleich ein Lebensmotto sein. Was passt gerade im Moment?

Mein Motto: ______________________________

Werte: ______________________________

Tipp:
Ich selbst nutze verschiedene Mottos, um mir selbst kurz und intensiv vor Augen zu führen, worum es mir in einer Situation geht und wie ich sie meistern möchte. Oft hilft mir ein knackiger Spruch auch dabei, mich und meine Beweggründe anderen besser verständlich zu machen. Vielleicht möchten auch Sie eine Sammlung motivierender Mottos anlegen, die Sie in Schwung oder Balance bringen. Es ist ein erster Schritt in Richtung gelebter Werte. ☺

Als kleine Anregung möchte ich Ihnen im nebenstehenden Bild eines meiner Lieblingsmottos anbieten, das mich morgens oft schon beim Aufstehen begleitet. Es steht für mich für Aktivität, Zielstrebigkeit und Zuversicht. Häufig sorgt dieser kleine Spruch dafür, dass ich auch abends zufrieden den Tag beenden kann.

Aber wie schon erwähnt, gibt es da ja auch noch die Passiv-*Werte*. Grundsätzlich wichtig zu unterscheiden ist: Was treibt mich an, was bringe ich in die Welt und was zieht mich an, was wünsche ich mir von anderen? Oft wünschen wir uns Dinge, die wir selbst gar nicht produzieren können. Andere sollen sie uns bieten. Hier muss man klar und ehrlich mit sich selbst sein! Was bringe ich selbst an *Werten* ins Spiel – also meinen Einsatz? Und was erwarte ich mir als Gegenleistung?

Beispiel:
Bleiben wir bei unserem Frühstückstisch. Ich habe mit viel Hingabe und Sorgfalt ein liebevolles Frühstück für meine Familie bereitet. Dafür wünsche ich mir neben Dankbarkeit und Freude eine entspannte gemeinsame Zeit.

Wir befinden uns jetzt also mitten in der *Wert*schatz-Suche. Das heißt, wir dürfen jetzt sowohl die Aktiv- als auch die Passiv-Werte an die Bewusstseinsoberfläche holen.

Unter der Oberfläche des scheinbar Selbstverständlichen beginnt die spannende Wertschatz-Suche

Wertschatz-Karte oder „wo Werte wohnen“

Wo können wir unsere Werte lokalisieren? Und warum sind sie für uns die meiste Zeit nicht sichtbar? Ganz einfach, weil sie sich im Unterbewusstsein befinden. Dort kommen sie her, dort siedeln sie sich im Laufe der Zeit durch das Erlernen, Erleben und Erfahren unserer Umwelt an und bilden mit der Zeit jene Quelle des Antriebs, von der wir irgendwann gar nicht mehr wissen, wo sie liegt oder dass sie überhaupt da ist. Durch genaue Selbstbeobachtung und Innenschau sowie das Vertrauen auf unsere Intuition lassen sich unsere Werte aber ins Bewusstsein holen. Und dann erweisen sie sich als wahre Schätze.

Doch wie funktioniert das genau? Betrachten wir dazu zunächst einmal die sogenannte Dilts-Pyramide. Mit den neurologischen Ebenen erklärt der US-amerikanische Trainer, Berater und neurolinguistische Programmierer Robert Dilts (geb. 1955) Veränderungsprozesse. Die Grundlagen dafür hat Dilts dem Modell des Lernens des britischen Anthropologen und Philosophen Gregory Bateson (1904–1980) entnommen. Dilts beschreibt, auf welcher Ebene Veränderung stattfindet und wo ein Problem oder ein Ziel angesiedelt ist.

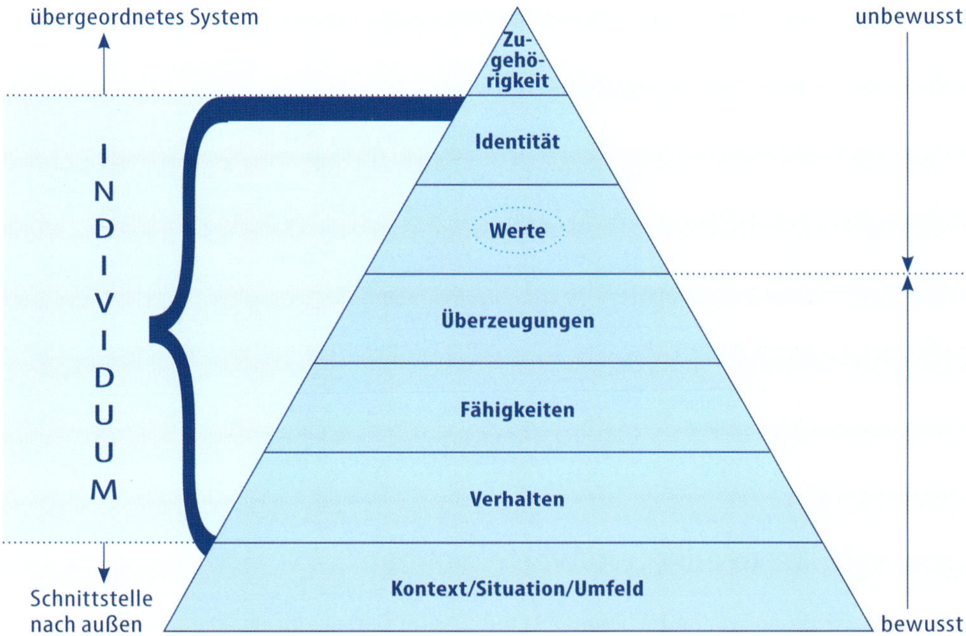

Modell der (neuro)logischen Ebenen (auch „Dilts-Pyramide" genannt)

Während unser Verhalten, unsere Fähigkeiten und unsere Überzeugungen/Glaubenssätze (siehe Kapitel 4) in unserem Bewusstsein liegen, finden sich die Werte im Unterbewusstsein. Je nachdem, wo Veränderungen ansetzen, wirken die Ebenen aufeinander. Die oberen Ebenen beinflussen immer die unteren Ebenen. Das heißt, wenn wir zum Beispiel unsere Überzeugungen (vgl. Glaubenssätze Kapitel 4) verändern, verändern sich auch unsere Fähigkeiten und unser Verhalten. Nehmen wir an, wir kommen zur Überzeugung, dass „die Umwelt zum Beispiel vor Plastik geschützt werden muss." Wir informieren uns über Materialzusammensetzungen von Verpackungen, machen uns bewusst, wie schädlich Plastik für die Tier- und Pflanzenwelt ist, und schaffen die Voraussetzungen für Wertstofftrennung. Wir beginnen unseren Müll zu trennen, damit er recycelt werden kann.

Und was steht am Beginn dieses Entwicklungsprozesses? Genau. Ein Wert. Nämlich *Nachhaltigkeit*.

Dieser Prozess kann auch in die umgekehrte Richtung wirken. Z.B. wenn wir ein Verhalten lange konsequent trainieren, uns dadurch bestimmte Fähigkeiten erwerben und zu neuen Überzeugungen gelangen. So kommen auch Werte zum Zug, die wir bisher kaum beachtet haben. Das obere Beispiel kann also auch umgekehrt funktionieren.

Im therapeutischen Kontext ist es immer sinnvoll, mit einem Klienten nicht auf der Ebene des Problems zu arbeiten, sondern einen Ebenenwechsel vorzunehmen und das Problem auf einer anderen Ebene beginnend zu verändern.

Neurologische Ebenen dienen also der Analyse für Veränderung und Entwicklung und dafür, wo diese anzusetzen sind.

Ihr Verhalten und Ihre Fähigkeiten lassen also eindeutige Rückschlüsse auf Ihre individuellen Werte zu.

Im NLP- und Coaching-Bereich wird Dilts Modell häufig angewandt. In diesem Buch sei es in erster Linie zur genaueren Lokalisierung der Werte dargestellt.

Anmerkung:
Das Neuro-Linguistische Programmieren (kurz NLP) ist eine Sammlung von Kommunikationstechniken und Methoden zur Veränderung psychischer Abläufe im Menschen und wurde von Richard Bandler (geb. 1950) und John Grinder (geb. 1940) in den 1970er Jahren entwickelt, konnte seine Wirksamkeit wissenschaftlich aber bisher nicht nachweisen.

Ich möchte darauf hinweisen, dass ich trotz umfassender Kenntnisse im Bereich NLP den dabei angewandten Methoden mitunter kritisch gegenüberstehe. Neben beträchtlicher Coaching- und/oder Therapieerfahrung bedarf es meiner Meinung nach einer ethisch und moralisch verantwortungsbewussten Haltung, um NLP „wertvoll“ zum Einsatz zu bringen.

Die individuellen Big 5 + 5 ...
Was treibt mich an? Was zieht mich an?

Wenn man auf einer Reise oder Suche ist, kann ein Kompass zur Orientierung nicht schaden. Genau das bieten Werte an. Sie helfen uns, die Richtung zu halten und nicht vom Weg abzukommen, wenn wir ein Ziel erreichen wollen. Besonders dann, wenn wir dabei sind, uns zu verirren. Jeder gute Kompass zeigt zielsicher nach Norden – und gleichzeitig nach Süden! Genauso verhält es sich mit den Werten. Manche wirken von innen nach außen, manche von außen nach innen. Beide helfen uns bei der Orientierung und Ausrichtung unserer Position. Auf dieser Basis fällt es uns leichter, Entscheidungen zu treffen und den Weg einzuschlagen, der uns stimmig und richtig erscheint.

Wo sind die WERTE?
Eine umfangreiche Werte-Liste befindet sich in der hinteren Einschlagklappe dieses Buches. Sollten Sie Ihren gewünschten Begriff dort nicht finden, dann suchen Sie im ausführlicheren Register auf den letzten Buchseiten. Dort befinden sich zu nahezu allen Werten artverwandte Synonyme. Behalten Sie die Werte-Liste im Auge, Sie können Sie immer wieder während der Lektüre dieses Buches konsultieren (siehe zum Beispiel nachfolgende Übung).

ÜBUNG

Beginnen wir das „Einnorden“ von innen nach außen („inside out“).
Mit den Aktiv-Werten.
Wählen Sie insgesamt fünf Werte aus der beigefügten Liste (Einschlagklappe des Buches), die Sie besonders ansprechen. Schreiben Sie nun in jeden Finger der linken Hand in dem Foto auf Seite 46 einen Wert. Und zwar einen, den Sie aktiv leben, der Ihnen besonders wichtig ist.

Um Ihnen die Auswahl zu erleichtern, können Sie sich eine oder mehrere der nachfolgenden Fragen für sich selbst beantworten:

- Für welche Tugend, die ich verkörpere, würde ich mir selbst einen Preis verleihen?
- Welche Überzeugung würde ich niemals aufgeben – auch wenn man dafür bestraft werden würde?
- Was zeigt mir in meinem Inneren die Richtung an?
- Womit mache ich die Welt besser?

Jetzt sind die Passiv-Werte an der Reihe.

Wieder helfen Fragen an sich selbst weiter. Wählen Sie wiederum insgesamt fünf Werte aus der beigefügten Liste (Einschlagklappe des Buches) aus, die Ihnen besonders wichtig sind, damit Sie sich wohlfühlen und entfalten können. Schreiben Sie nun in jeden Finger der rechten Hand im Foto auf Seite 47 einen Wert:

- Wodurch fühle ich mich so richtig wertgeschätzt?
- Was schätze ich am meisten an meinem besten Freund/meiner besten Freundin?
- Wodurch bekomme ich Orientierungshilfe von außen?
- Was wünsche ich mir für uns alle?

Achtung:
Es ist durchaus möglich, dass ein Wert sowohl aktiv als auch passiv sein kann. Das unterstreicht nur, dass er Ihnen besonders wichtig ist!

Aktiv-
Werte

Passiv-
Werte

Jetzt haben wir also unseren Schatz gehoben: Unsere derzeit zehn wichtigsten Werte! Denn diese sind nun einmal „nur“ eine Momentaufnahme. Manche begleiten uns ein Leben lang, andere wiederum verändern sich ständig. Und zwar je nach Lebensumständen, Situationen und Systemen (siehe auch Kapitel 6).

(Arche-)Typ-Frage

Wenn es um Menschen, ihre Fähigkeiten, Charaktereigenschaften, Körpersprache und Persönlichkeit geht, stellen sich jedes Mal diese Fragen:

- Was ist angeboren?
- Was ist erlernt?
- War ich schon immer so?
- Was kann ich verändern?
- Was gehört ursächlich zu mir und meinem Wesen?

Tatsächlich haben weder Psychologie noch Philosophie bis jetzt eine letztgültige befriedigende Antwort auf diese Fragen gefunden. Im Schnitt aller Studien ergibt sich jedoch immer wieder ein ähnliches Ergebnis. Die Hälfte unserer Persönlichkeit scheint angeboren zu sein, die andere Hälfte entwickelt sich. Und wir entwickeln uns weiter bis an unser Lebensende. Selbstbestimmt oder durch Einflüsse von außen. Jedenfalls ganz unserem angeborenen „Typ“ entsprechend.

Der Schweizer Psychiater Carl Gustav Jung (1875–1961) fand zu Beginn des 20. Jahrhunderts heraus, dass sich über kulturelle Grenzen hinweg im „kollektiven Unbewussten“ der Menschheit sogenannte „Archetypen“ finden lassen. Das Wort Archetypus stammt aus dem Griechischen und bedeutet „Urbild“. Jung definierte zwölf Archetypen, abgeleitet von mythologischen Symbolen. Er sah sie als angeborene Tendenz, „Bilder mit intensiver emotionaler Bedeutung zu schaffen, die den Vorrang des menschlichen Lebens zum Ausdruck bringen.“ Die Archetypen repräsentieren Verhaltensmuster und besondere Eigenschaften, die Menschen ausmachen. In Ihnen zeigen sich auch grundsätzliche individuelle Werte der Persönlichkeiten. So steht beispielsweise der „Entdecker“ für Abenteuer und Offenheit, der „Schöpfer“ für Kreativität und Freiheit oder der „Beschützer“ für Fürsorglichkeit und Besonnenheit. Die Archetypen sind nach Jung „nicht eine konkrete Vorstellung, sondern eine Tendenz, Vorstellungen zu erzeugen, die sehr variabel sind, ohne ihr Grundmuster zu verlieren." (C.G. Jung: Symbole und Traumdeutung. In: Gesammelte Werke Band 18/1, § 523; geschrieben 1961)

Jeder Mensch lässt sich tendenziell einem bestimmten Archetyp zuordnen, dessen Werte und Charaktere ein psychologisch unbewusstes Grundgerüst bilden, auf dessen Basis er also Vorstellungen vom Leben und über Menschen erzeugt. Wohlgemerkt handelt es sich „nur" um eine Ausgangsbasis. ☺

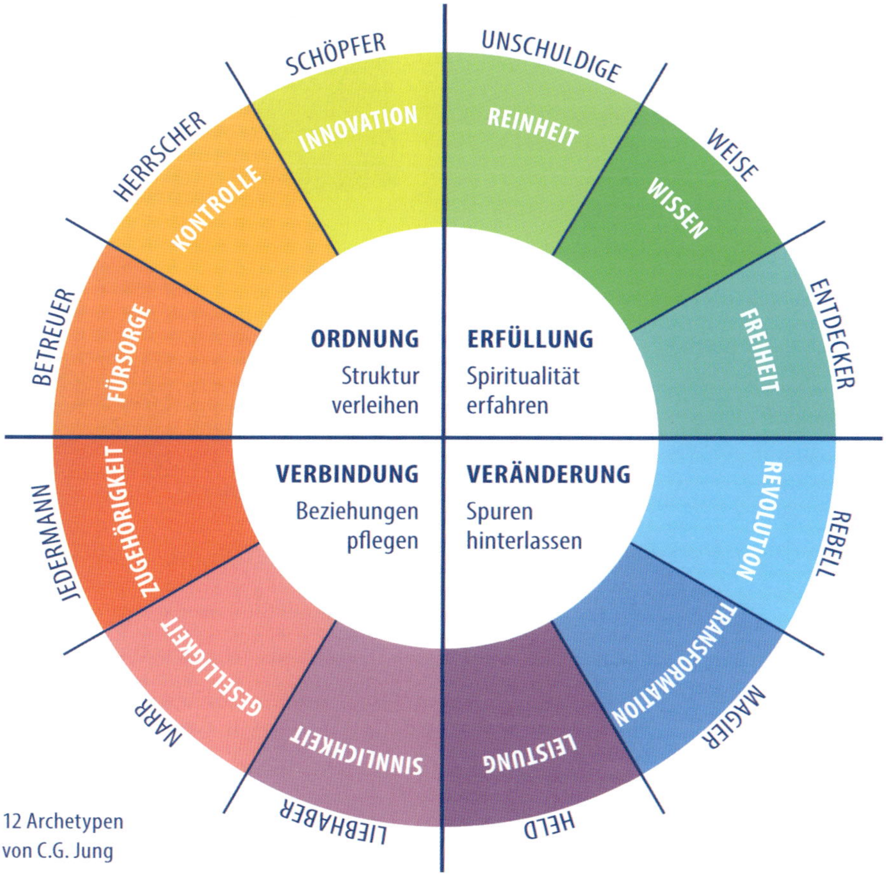

12 Archetypen
von C.G. Jung

Jung selbst erlebte sich übrigens als aus zwei separaten Persönlichkeiten bestehend, die er als „No. 1“ und „No. 2“ bezeichnete. No. 1 war der Sohn seiner Eltern, der zur Schule ging und sich mit dem Leben herumschlug, so gut es ging, während No. 2 viel älter war, abgewandt von der Welt der menschlichen Gesellschaft, aber nah bei der Natur und den Tieren, bei den Träumen und bei Gott.

Zwei seiner Mottos waren:

„Normal zu sein, ist das Ideal des Mittelmäßigen.“

„Ich bin nicht das, was mir passiert ist, ich bin das, was ich entscheide zu werden.“

C.G. Jung

Wenn Sie herausfinden möchten,
welcher Archetyp Sie sind, empfehle ich Ihnen,
einen der kostenlosen Tests im Internet
zu machen. Z.B. hier unter
https://www.123test.com/de/Jung-Pers%C3%B6nlichkeitstest/

Welcher Typ sind Sie? Erkennen Sie Grundmuster Ihrer Persönlichkeit wieder?

Nun aber wieder zu Ihrer persönlichen Weiterentwicklung!

Auch wenn wir davon ausgehen können, dass bestimmte Charakter-Werte angeboren sind und so Ausgangsparameter in unserem Leben darstellen, so sind wir hingegen in unseren Lebensrollen beeinflusst und einflussreich. Jede/r ist ja ein Kind seiner/ihrer Eltern. Jede/r ist/war Schüler/in. Jede/r ist Freund/in. Jede/r ist Partner/in ... Die verschiedensten Wertvorstellungen liegen somit auf dem Servierteller – man übernimmt! Manchmal muss man, manchmal will man, manchmal passiert es einfach.

Vorgelebt

Sehr oft sucht man sich auch einfach seine Vorbilder. Die ab und an – im besten Fall – dann zu Mentoren werden. Der legendäre Apple-Gründer Steve Jobs (1955–2011) war zum Beispiel so ein Vorbild für einen jungen Mann, der es inzwischen auch schon (fast) zur Legende geschafft hat: für „Mr. Facebook" Mark Zuckerberg (geb. 1984). Er habe mit Jobs darüber gesprochen, dass es in einem Unternehmen nicht nur um Gewinne, sondern auch um eine Mission gehen müsse. So wie Apple seinen Kunden bestmögliche Produkte bieten wolle, sei es die Mission von Facebook, als Online-Netzwerk die Menschen miteinander zu verbinden, sagte Zuckerberg, der sicherlich von Jobs geprägt wurde: Beide sind innovativ. Beide sind mutig. Beide sind beharrlich.

Auch Maya Angelou (1928–2014) begleitete einen Schützling jahrelang im Hintergrund ... Maya wer? Maya Angelou war eine US-amerikanische Schriftstellerin, Professorin und Bürgerrechtlerin. Für US-Superstar Oprah Winfrey (geb. 1954) war sie aber mehr: Mentorin, Mutter, Schwester ... und die beste Freundin! Als Kind, das in ärmlichsten Verhältnissen in Mississippi aufwuchs, verschlang Winfrey die Bücher Angelous regelrecht. „Sie halfen mir durch eine wirklich schwere Kindheit", so eine der heute einflussreichsten Frauen der Welt. „Damals habe ich nicht im Traum daran gedacht, sie einmal persönlich kennenzulernen. Als es dann aber passiert ist, hat das mein Leben noch einmal verändert. Unser erstes Treffen war eine der großartigsten Lektionen in meinem Leben. Und es folgten zum Glück noch viele weitere ..."

Bessere Beispiele, sich Werte-Vorbilder zu suchen, gibt es wohl nicht.

Von Maya Angelou stammt übrigens dieses wundervolle, bekannte Zitat:

„Die Menschen werden vergessen, was du gesagt hast,
die Menschen werden vergessen, was du getan hast,
aber Menschen werden nie vergessen,
welches Gefühl du ihnen gegeben hast."

Rudolfine Scheiblauer

Mentorinnen müssen keinesfalls berühmt sein. Neben meinen Eltern, die mir grundsätzlich als wohlwollende Mentoren immer zur Seite standen, war meine Volksschullehrerin eines der prägendsten Vorbilder meiner Kindheit. Frau Scheiblauer war eine aufmerksame, weitsichtige, durchaus strenge, aber immer faire Lehrerin. Klar in der Sache, einfühlsam und gerecht uns Kindern gegenüber. Das Gefühl, mit meinen Stärken und Schwächen, meinen Potentialen und Interessen von ihr wahr- und angenommen zu werden, hat mich gleichzeitig beruhigt und bewegt. Sie gab mir gleichermaßen das Gefühl von Sicherheit wie auch von Freiheit. Ich verdanke ihr, dass ich gerne lerne, mich Neuem gerne zuwende und mich gerne weiterentwickle ohne Angst vor Veränderungen und mit Empathie anderen gegenüber. Sie hatte keine spezielle Methodik und sie war Teil des heute so stark kritisierten „Bildungssystems". Mit etwas Glück sind MentorInnen in jedem System zu finden, ob gut oder schlecht funktionierend.

Rudolfine Scheiblauer hat nur gelebt, wovon sie überzeugt war – Klugheit, Selbstdisziplin, Herzlichkeit und Akzeptanz. Das hat mich mit animiert, diese Werte weitertragen zu wollen. Nur dem bewundernswerten Ordnungssinn, den meine geliebte Volksschullehrerin hatte, konnte ich bis heute nie gerecht werden. ☺ Danke für alles, Frau Scheiblauer.

ÜBUNG

Welche MentorInnen kommen Ihnen in den Sinn? Wer hat Sie so beeindruckt, dass Ihr Leben dadurch nachhaltig beeinflusst wurde? Welche Werte hat er/sie Ihnen mitgegeben?

MentorIn/Vorbild ____________________

____

Werte ____________________

____

Ich bin ... viele!

Man ist, was man isst! Aber wie schon erwähnt – nicht nur! Denn man ist auch, wen man wählt... und auch, was man denkt... und auch ...und auch.

Wer hat nicht schon gehört, dass er privat ganz anders ist als im Büro? In unterschiedlichen Rollen hat man eben zumeist unterschiedliche Antriebe und Ziele. Und wenn man diese Rollen nach seinen Werten ausrichtet, dann wirken sie mehr und mehr stimmig.

Dann richten wir einmal aus!

Einen jungen Mann, der erstmals Vater wird. Wie schaut das Idealbild eines perfekten Vaters aus? Er trägt Verantwortung, ist fürsorglich und geduldig. Der Neo-Papa schaut sich gedanklich in den Spiegel und stellt fest, dass sein Geduldsfaden eher dünn ist. Für fürsorglich hält er sich durchaus. Und Verantwortung will er übernehmen. Der halbe Weg zum Idealbild scheint geschafft. Aber sieht das die Jung-Mama ähnlich? In Sachen Geduld gibt sie ihm recht. Bei der Fürsorge sieht sie noch Luft nach oben, dafür hält sie ihn für ausgesprochen verantwortungsbewusst.

Fazit: Je mehr sich der Vater seinem Werte-Idealbild annähert und das von seiner Umwelt auch so wahrgenommen wird, desto Werte-wirksamer wird er in seiner Vaterrolle aufgehen.

Selbst- und Rollenbewusstsein

Wenn ich versuche, mich selbst meinem Idealbild anzunähern, wirkt das anziehend, selbstbewusst und wertvoll auf die Umwelt.

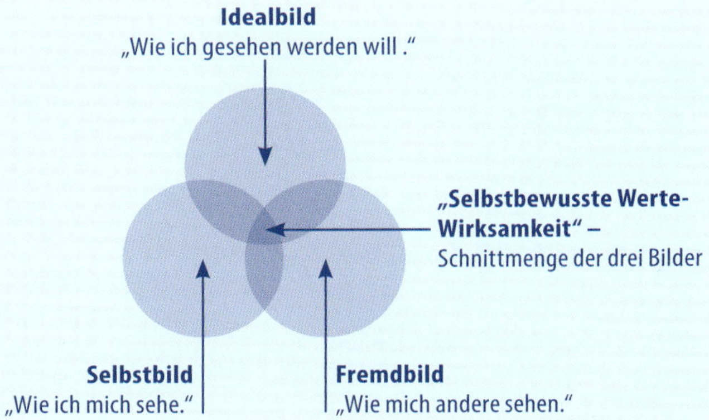

ÜBUNG

Rollenspiel „Fußballtrainer/in"

Lassen Sie uns anhand einer Übung herausfinden, wie wertvoll Sie wären ... sagen wir als „Fußballtrainer/in". Sie spielen keinen Fußball? Umso besser. ☺

Für diese Übung suchen Sie sich bitte einen beliebigen Partner und führen Sie sie gemeinsam durch.

Schritt 1 (gemeinsam):

- Bitte besprechen Sie sich gemeinsam und schreiben in den ersten Kreis jene Werte, die Sie beide mit der Rolle eines idealen Fußballtrainers/einer idealen Fußballtrainerin verbinden.

Schritt 2 (getrennt):

- Nun schreiben Sie in den zweiten Kreis, welche Werte Sie selbst für die Rolle eines Fußballtrainers/einer Fußballtrainerin aktiv mitbringen.
- Den dritten Kreis lassen Sie bitte von Ihrem Übungspartner/Ihrer Übungspartnerin ausfüllen. Er/Sie soll darin notieren, welche Werte er/sie Ihnen als Fußballtrainer/in zuschreibt.

Idealwerte eines/r Fußballtrainers/in (z.B. Fairness, motivierend etc.)	**Selbstbild** als Fußballtrainer/in (z.B. Zielstrebigkeit, Zuversicht etc.)	**Fremdbild** von außen (z.B. Fairness, Zielstrebigkeit)

Am Ende tragen Sie bitte jene Werte, die in allen drei Kreisen stehen, ins Zentrum der unteren 3-Kreise-Grafik ein. Jene, die sich in Selbst- und Fremdbildkreis überschneiden, tragen Sie im Überschneidungsfeld dieser beiden ein und so weiter. Die Werte, die Sie nirgendwo sonst zuordnen können, bleiben allein im äußersten Bereich der jeweiligen Kreise.

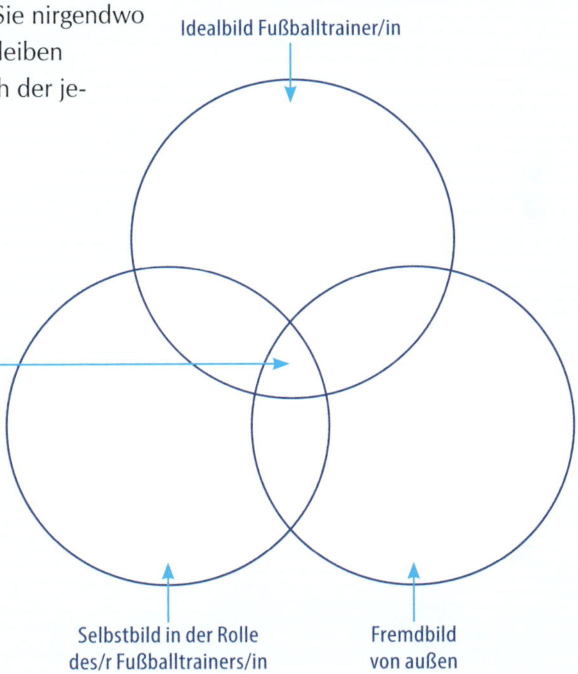

Wie nah sind Sie an die optimale Werte-Wirksamkeit eines/r Fußballtrainers/in herangekommen? ☺

Apropos Fußball – er ist der Teamsport schlechthin. Wobei: Letztendlich sind wir ALLE in unserem Leben Teamplayer. Selbst als Individuum. Denn viele Rollen bilden das „innere Team" (Schulz von Thun). Bei diesem und seinen Teammitgliedern handelt es sich um eine Metapher. Jedes steht dabei für einen inneren Teil oder Aspekt der gesamten Persönlichkeit. Teammitglieder unterscheiden sich auf vielfältige Weise – sie sind laut oder leise, melden sich schnell oder langsam, sind dominant im Außenkontakt oder zeigen sich nur nach innen, wo sie als Gedanke, Gefühl, Impuls, Stimmung oder Körpersignal auftreten. Zwischen Teammitgliedern herrscht eine ähnliche Gruppendynamik wie im äußeren Leben auch. In ihrer Gesamtheit spiegeln sie die Lebenserfahrungen eines Menschen wider, darunter die Meinung von Eltern, Freunden und Lebenspartnern oder die Werte von Gemeinschaften, denen man sich zugehörig fühlt. Jedes Teammitglied will immer nur das Beste für den „Teamchef". Das ist bei den „äußeren Teams" nicht zwingend der Fall. Das sind alles Systeme, die letztendlich aber natürlich auch ein gemeinsames Ziel verfolgen und/oder eine gemeinsame Werte-Basis miteinander teilen.

Ein Rollen-Team für MICH! Kind, Freundin, Kollegin, Mama, Regisseurin ... viele sind ICH!

Achtung vor BEWERTUNG!

Oft schaffen wir es nicht, in unserem Kopf all die vielen Rollen unter einen Hut zu bringen, die uns begegnen. Und zwar in ein und derselben Person. Ich selbst kann immer wieder beobachten, wie schwierig es auch heute noch für manche Menschen fassbar zu sein scheint, dass eine Frau gleichzeitig Professionalität als Vortragende und Fürsorglichkeit als Mutter verkörpern kann. Einfach weil sie es sich erlaubt, beide Werte gleichermaßen zu leben. Es sollte uns bewusst sein, dass wir immer nur eine eingeschränkte Perspektive auf die Welt rund um uns haben. Bewertungen sind selten mehr als der Versuch, schnell das Gefühl einer sicheren Einschätzung einer Situation oder Person zu bekommen. Wir irren uns öfter, als wir denken. Und versperren uns damit selbst die Aussicht auf das, was noch hinter dem ersten Eindruck zum Vorschein kommen kann.

EINE GESCHICHTE

Die Blinden und der Elefant

Es waren einmal fünf weise Gelehrte. Sie alle waren blind. Diese Gelehrten wurden von einem König auf eine Reise geschickt und sollten herausfinden, was ein Elefant ist. Und so machten sich die Blinden auf die Reise nach Indien. Dort wurden sie von Helfern zu einem Elefanten geführt. Die fünf Gelehrten standen nun um das Tier herum und versuchten, sich durch Ertasten ein Bild von dem Elefanten zu machen.

Als sie zurück zu ihrem König kamen, sollten sie ihm nun über den Elefanten berichten. Der erste Weise hatte am Kopf des Tieres gestanden und den Rüssel des Elefanten betastet. Er sprach: *„Ein Elefant ist wie ein langer Arm."*

Der zweite Gelehrte hatte das Ohr des Elefanten ertastet und sprach: *„Nein, ein Elefant ist vielmehr wie ein großer Fächer."*

Der dritte Gelehrte sprach: *„Aber nein, ein Elefant ist wie eine dicke Säule."* Er hatte ein Bein des Elefanten berührt.

Der vierte Weise sagte: *„Also ich finde, ein Elefant ist wie eine kleine Strippe mit Haaren am Ende"*, denn er hatte nur den Schwanz des Elefanten ertastet.

Der fünfte Weise berichtete seinem König: *„Also ich sage, ein Elefant ist wie eine riesige Masse, mit Rundungen und ein paar Borsten darauf."* Dieser Gelehrte hatte den Rumpf des Tieres berührt.

Nach diesen widersprüchlichen Äußerungen fürchteten die Gelehrten den Zorn des Königs, konnten sie sich doch nicht darauf einigen, was ein Elefant wirklich ist. Doch der König lächelte weise:

„Ich danke euch, denn ich weiß nun, was ein Elefant ist: Ein Elefant ist ein Tier mit einem Rüssel, der wie ein langer Arm ist, mit Ohren, die wie Fächer sind,

mit Beinen, die wie starke Säulen sind, mit einem Schwanz, der einer kleinen Strippe mit ein paar Haaren daran gleicht und mit einem Rumpf, der wie eine große Masse mit Rundungen und ein paar Borsten ist."

Die Gelehrten senkten beschämt ihre Köpfe, nachdem sie erkannten, dass jeder von ihnen nur einen Teil des Elefanten ertastet hatte und sie sich zu schnell damit zufriedengegeben hatten.

Wie lässt sich ein Elefant beschreiben?

Was braucht ein Team, damit es funktioniert?

Die Geschichte zeigt uns, dass zwar jeder nur eine eingeschränkte Perspektive hat, widersprüchliche Botschaften allerdings durchaus wichtige Teilaspekte eines großen Ganzen sein können. Jeder leistete also einen Beitrag, um das gemeinsame Ziel zu erreichen. Aber noch nicht als Team. Denn um ein solches zu sein, muss man vorher gemeinsame Visionen entwickeln und (Wert-)Vorstellungen teilen. Allerdings hat der König seinem „Team" vertraut und es durch das Einbringen seiner Werte zusammengeführt. Vertrauen ist also die Basis für jede Teamarbeit und jedes funktionierende zwischenmenschliche System. Fügen wir noch Konfliktfähigkeit/-bereitschaft, Verantwortung, Verbindlichkeit und Zielstrebigkeit hinzu, dann wird das zufriedenstellende Ergebnis unserer Team-Bemühungen nicht ausbleiben (vgl. dazu Lencioni: Teamentwicklung) – Erfolg, Zufriedenheit, Harmonie usw. werden unser System kennzeichnen.

Aber nur dann, wenn die notwendigen Werte denn auch „gelebt" werden.

Alles Wert-volle Infos, aber was tun damit? In Kapitel 3 kommt das „Wie" zum „Warum". Also raus aus der KOMFORTZONE und, mit Ihrer Erlaubnis, rein ins Erlebnis!

KAPITEL 3

Das Werte-WIE

Wie bekomme/mache ich Werte sicht- und spürbar?

Zeit meines Lebens versuche ich „Verständliches" für andere „begreiflich" zu machen – ich suche immer einen Weg vom Was zum Wie, vom Denken zum Wirken –, also Möglichkeiten für Menschen auszudrücken, zu leben, zu verkörpern, zu transportieren bzw. zu verdeutlichen, was sie bewegt, was sie ausmacht, was sie vermitteln und mit anderen teilen möchten. Um damit andere zu inspirieren, selbst wertvoll zu handeln, motivierend zu wirken, sich weiterzuentwickeln und ihre Stärken und Werte sichtbar zu machen, sie ins Rampenlicht zu rücken.

Im wunderbaren Werte-Universum habe ich unendlich viele Räume gefunden, um das Leben positiv zu betrachten und für sich und andere gestalten zu können.

Das Ziel jeder Werte-Verkörperung besteht für mich darin, den Wert als Gefühl in mir und den Menschen meiner Umgebung spürbar, sichtbar und damit lebendig werden zu lassen.

Also: Bühne frei für Ihre Werte.

Ein Ziel setzen, einen Wert leben

Werte sind nicht das Gipfelkreuz! Werte sind vielmehr die Jause im Rucksack. Will heißen: Ziele kann man erreichen. Werte nicht! Ein Ziel ist idealerweise konkret, realistisch und zeitlich befristet. Es wird gesetzt, dafür gearbeitet, schließlich kommt man dort an.

Bei Werten ist das anders. Ich kann ihnen nur Zeit und Aufmerksamkeit widmen. Energie in sie stecken, sie erleben und sie aktiv in die Welt tragen. Aber sie werden nie abgeschlossen sein wie ein Projekt. Sie bleiben bestehen, auch wenn sie gerade nicht bewusst gelebt oder priorisiert werden. Und warten geduldig darauf, wieder in den Mittelpunkt der Aufmerksamkeit zu rücken, wenn sie gefragt sind, um dem nächsten Ziel näher zu kommen.

Unterscheiden Sie also zwischen Werten und Zielen.

Der Wert hilft, die Ziele zu erreichen. Aber er ist nicht das Ziel!

EIN BEISPIEL

Nehmen wir an, Sie sind begeisterte/r Bergsteiger/in. Und Sie wollten schon immer den Kilimandscharo besteigen. Sie haben sich zum Ziel gesetzt, diesen Berg zu erklimmen. Nun beginnen Sie mit den Vorbereitungen. Sie trainieren und machen Touren, um Ihre Ausdauer zu steigern und sich an die Höhe zu gewöhnen, Sie legen sich die passende Ausrüstung zu, buchen die Reise nach Tansania etc. All diese Dinge tun Sie, um das Ziel optimal zu erreichen. Auf dem Weg begleiten Sie neue und alte Werte. Als Bergsteiger/in brauchen Sie dazu Aktivität, Selbstdisziplin, Sorgfalt, Weitsicht usw. In den kommenden Monaten bekommen diese Werte viel Platz und Aufmerksamkeit in Ihrem Leben. Sie zu leben, wird entscheidend die Qualität des Weges sowie das Gefühl des Ergebnisses mitbestimmen. Ein halbes Jahr später stehen Sie zufrieden am Gipfel des Kilimandscharos. Sie haben es geschafft. Zufrieden und glücklich sehen Sie auf Ihren Aufstieg zurück. Und träumen bald von den nächsten Gipfeln, die Sie stürmen wollen.

Ihre Ziele werden sich also ändern. Aber Ihre Werte bleiben erhalten. Sie werden niemals „abgeschlossen" sein. Solange Sie sie leben. ☺

ÜBUNG

Wert oder Ziel?

Ziele sind also das WAS – die Meilensteine, die wir uns setzen, Entwicklungsstufen, die wir erklimmen wollen. Werte bestimmen das WARUM und auch WIE (mit welcher Haltung und Qualität) wir den Weg dorthin gestalten.

Entscheiden Sie bei folgenden Aussagen und Aufzählungen, ob es sich um einen Wert (W) oder um ein Ziel (Z) handelt, und tragen Sie den entsprechenden Buchstaben in die Kästchen ein:

- ☐ Einen Sprachkurs buchen
- ☐ Mit dem Rauchen aufhören
- ☐ Hilfsbereit sein
- ☐ Meine Mitarbeiter motivieren
- ☐ Andere Menschen respektvoll behandeln
- ☐ Am Samstag den Rasen mähen
- ☐ Zeit mit meinen Kindern verbringen
- ☐ Authentisch sein
- ☐ Eine Paarbeziehung leben, wo man einander auf Augenhöhe begegnet
- ☐ In der Familie Verantwortung übernehmen
- ☐ Nur einmal in der Woche Fleisch essen
- ☐ Ein verlässlicher Partner/Freund sein
- ☐ Durch richtige Ernährung auf meine Gesundheit achten
- ☐ Täglich eine Stunde Sport machen
- ☐ Lernen und mich weiterentwickeln
- ☐ Pünktlich sein
- ☐ Bei einem Gespräch auch zuhören können
- ☐ Mich für den Klimaschutz einsetzen

Auflösung: Z, Z, W, W, W, Z, Z, W, W, W, Z, W, Z, Z, W, W, Z, Z

Werte aktivieren – Sinn und Bestimmung ins Leben bringen/ den Weg gestalten

Auf viele verschiedene Arten lassen sich Ziele erreichen. Oft werden uns diese Ziele von außen oder durch andere gesetzt – z.B. im Job, durch Fristen oder von Mama so gefordert. Dann ist dieser Vorgang mit Druck verbunden, der Antrieb von Stress oder gar Angst geprägt. „Man muss eben" dort hin. Wäre es nicht schön, viel mehr zu „wollen" als zu „müssen"? Viel mehr vom Ziel angezogen als dahin getrieben zu sein? Selbst die Aufgaben, die im ersten Augenblick nicht angenehm oder attraktiv erscheinen, selbstbestimmt zu gestalten?

Wenn ich nach den eigenen Werten handle und lebe, bekommt der Spruch *„Der Weg ist das Ziel"* seine eigentliche Bedeutung – dann bekommt er einen Sinn und ist wertvoll, egal, wohin ich gehe, egal, wie weit ich komme. Dann geht es nicht mehr darum, *was* ich erreiche, sondern *wie* ich es erreiche.

Damit kommen wir nun endlich zum „Werte-WIE", also zu konkreten Methoden, um Werte zu aktivieren – innerlich und äußerlich.

Dabei stehen uns drei wesentliche „Transportmöglichkeiten" der Kommunikation zur Verfügung:

- Werte verkörpern
- Werte erzählen
- Werte inszenieren

Wie geht eigentlich Achtsamkeit? Woran erkennt man, dass jemand authentisch ist? Was macht Toleranz aus? Wie vermittle ich Optimismus? Diese Fragen stelle ich mir, wenn es um die konkrete Vermittlung von Werten geht, die meinen Klienten und Klientinnen wichtig sind. Und ich möchte Ihnen nun einige praktische Werkzeuge an die Hand geben, die Sie jederzeit und überall einsetzen können, um die Werte, die Ihnen persönlich wichtig sind, ins Rampenlicht zu rücken, für sich selbst und andere sicht- und spürbar zu machen. Denn schon eine kleine Verrückung im System, ein neuer Blickwinkel oder eine umgeformte Gewohnheit können große Veränderungen bewirken. ☺

Schon eine kleine Veränderung der Perspektive kann uns verblüffende Einsichten und Möglichkeiten aufzeigen oder neue Wege eröffnen.

Werte verkörpern – von Kopf bis Fuß

Kann man Ihnen Ihre Werte ansehen? Können andere sehen, was in Ihnen steckt? Ich denke JA, wenn Sie das wollen!

Da können wir natürlich gleich einmal eine Schublade aufmachen – in der wir ein Klischee finden. Und noch eines. Und noch eines. Und noch eines. Sie ist voll davon. Was ist etwa „typisch österreichisch"? Dass wir oft Bier, Wein oder Kaffee trinken? Gerne ein Schnitzel essen? Und manchmal grantig sind? Oder alle skifahren?

So spielt es sich auch bei den Werten ab.

Am Anfang steht die Vermutung ... und die ist zumeist auch eine Frage der Optik.

Mit simplen körpersprachlichen Signalen kann man einen *wert*vollen Eindruck vermitteln.

Schauen wir uns einmal die deutsche Bundeskanzlerin Angela Merkel an, auch die „Mutti der (deutschen) Nation" genannt. Sinnbildlich ihre berühmte Merkel-Raute, die sie stets mit ihren Händen bildet. Mit ihr vermittelt sie Symmetrie. Zudem steht sie immer ganz fest mit beiden Beinen in der Situation. Und tendenziell ist ihre Haltung aufrecht, aber nicht dominant. Somit wirkt ihr Auftreten ruhig, seriös und fürsorglich.

Wenn allerdings Thomas Gottschalk mit seinem schlaksig-lässigen Gang die Showbühne betritt/betrat, wird man von Humor, Kreativität – seine vielen bunten, teilweise kuriosen „Wetten, dass"-Outfits sind längst Kult und Markenzeichen – und jeder Menge Präsenz beinahe überwältigt.

Man sieht – es ist schnell da, dieses Schubladendenken! Und es ist notwendig, unvermeidbar und verführerisch!

Notwendig – weil es gilt, schnelle Entscheidungen im Leben zu treffen.

Unvermeidbar – weil die eigenen Erfahrungen nicht einfach weggewischt werden können.

Verführerisch – weil man natürlich glaubt, recht zu haben ... und sich deshalb leicht irrt!

Denn das Publikum – also jede/r Kommunikationspartner/in – bewertet immer die Darstellung des Gebotenen. Genau. Wir beWERTEN. Wir schreiben anderen bereits beim ersten Eindruck Werte zu oder sprechen sie ihnen ab. Wir vergleichen sie mit unseren eigenen Wertesystemen und beurteilen danach, ob wir es für wert befinden, uns weiter unserem Gesprächspartner zuzuwenden, ob wir uns angezogen, abgestoßen oder unsicher fühlen. Denn sich in den Werten anderer wiederzufinden, gibt uns Halt und Bestätigung.

Sieht Ihnen jemand bei der ersten Begegnung nicht in die Augen, halten Sie ihn vielleicht für respektlos oder unehrlich. Wird Ihnen bei der Begrüßung beinahe die Hand zerquetscht, wirkt Ihr Gegenüber vielleicht unsensibel, rücksichtslos oder unachtsam auf Sie. Wir suchen instinktiv ab dem ersten Augenblick einer Begegnung nach einem Echo unserer eigenen Werte. Empfangen wir keines, entsteht häufig ein Widerstand gegen die Person, mit der wir es zu tun haben, und gegen die Botschaften, die sie aussendet (siehe Kapitel 4).

Ob wir wollen oder nicht, das Publikum – also jeder Kommunikationspartner – bewertet immer (auch) die Darstellung.

Achtung:
Es gibt beim Wahrnehmen oder Vermitteln von Werten kein richtig oder falsch – in manchen Situationen kann es zwar für mich hinderlich oder förderlich sein, wenn ich bestimmte Werte in den Fokus rücke, aber entscheidend ist nur, was beim Gegenüber ankommt bzw. er/sie empfängt. Oder eben nicht.

ÜBUNG

Welche Werte assoziieren Sie mit den auf der nächsten Seite dargestellten Personen?

Welche positiven(!) Haltungen/Eigenschaften/Absichten kommen Ihnen in den Sinn? Von welchen dargestellten Personen und Szenen fühlen Sie sich angezogen?

Tragen Sie die entsprechenden Werte unterhalb der Bilder ein und vergleichen Sie sie mit meinen Lösungsvorschlägen.

Finden Sie viele Übereinstimmungen?

Anmerkung:
Sollten Ihnen spontan eher Unwerte oder negative Zuschreibungen in den Sinn kommen, könnte es sein, dass es sich um einen Wertewiderstand handelt (siehe Kapitel 4). Sie stehen eventuell also in Opposition zu den angebotenen Werten oder empfinden Ihre eigenen wesentlichen Werte als bedroht bzw. „abgewertet".

Werte: z.B. Selbstdisziplin, Zielstrebigkeit, Aktivität

Werte: z.B. Tradition, Integrität, Humor

Werte: z.B. Kreativität, Andersartigkeit, Flexibilität

Werte: z.B. Freundlichkeit, Respekt, Verantwortung

Werte: z.B. Ansehen, Ästhetik, Selbstvertrauen

Werte: z.B. Fröhlichkeit, Teilen, Offenheit

Achtung:
Bedenken Sie, dass das, was Sie sehen, nicht mit der Absicht der dargestellten Personen auf den Bildern oder Ihrer Interpretation übereinstimmen muss. „Wahr" ist zuallererst, welcher Eindruck bei Ihnen durch Betrachtung der Bilder entsteht. ☺

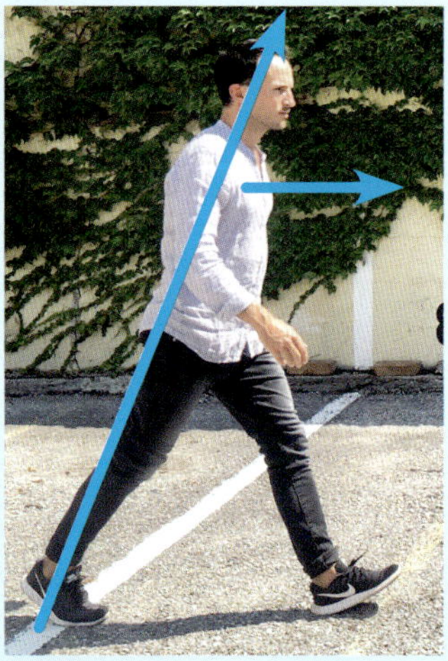

Abbildung 1: „gezogener“ Gang

Abbildung 2: „geschobener“ Gang

Dem „gezogenen“ Gang werden oft Zielstrebigkeit und Aktivität zugeschrieben, dem „geschobenen“ eher Gelassenheit und Ruhe.

Gangarten

Ob Ihre Werte in Resonanz mit Ihrer Umwelt stehen – also Ihnen auch von anderen widergespiegelt und zugeschrieben werden, beginnt also schon beim ersten Eindruck. So werden beispielsweise mit einem offenen Lächeln Freundlichkeit, Interesse und Herzlichkeit assoziiert. Das ist weithin bekannt. Weniger bekannt ist, dass Ihnen auch anhand Ihres Ganges Charaktereigenschaften und Werte zugeschrieben werden. Im Theater unterscheiden wir zwei „Gangarten“ – es gibt „gezogene“ und „geschobene“ Menschen. Bei den „Gezogenen“ (siehe Abbildung 1) entsteht der Eindruck, als wäre in der Mitte des Brustbeins ein Seil befestigt, das diese beim Gehen nach vorne zieht. Die Körperachse ist senkrecht bis leicht nach vorne geneigt und der Schwerpunkt liegt im Brustkorb.

Auf viele wirkt der Gang der „Gezogenen“ aktiv, zielorientiert und kontrolliert. Auf andere eher gestresst, dominant und unsympathisch, also ganz gegenteilig. Vielleicht gehören eben jene aber auch zu den „Geschobenen“ (siehe Abbildung 2) und fühlen sich darum dieser Gruppe von „Verkörperern“ eher zugeordnet. Hier ist die Körperachse beim Gehen senkrecht bis leicht nach hinten geneigt. Der Schwerpunkt liegt im Becken, der Impuls für das Gehen kommt aus der Hüfte. Diesen Menschen werden tendenziell eher Werte wie Gelassenheit, Selbstvertrauen oder Ruhe zugeschrieben. Natürlich handelt es sich auch dabei nur um Zuschreibungen. Und manchmal wechseln wir auch die „Gangart“, aber tendenziell sind auch Sie mehr einer von beiden Typen. Oft können wir uns mit der eigenen „Art“ besser identifizieren und stehen ähnlich denkenden und handelnden Menschen aufgeschlossener gegenüber. In diesem Fall eben ... uns ähnlich „gehenden“. ☺

ÜBUNG

Gehen Sie einmal ganz Ihrer persönlichen „Neigung" entsprechend von einem Ende des Raumes zum anderen. Finden Sie heraus, ob Sie zu den „Gezogenen" oder den „Geschobenen" gehören. Beobachten Sie die Menschen in Ihrer Umgebung. Zu welchen „Verkörperern" gehören sie? Welche Assoziationen und Zuschreibungen tauchen bei Ihnen auf?

Horch, was kommt von draußen rein? Auch Akustik wirkt

Mein Vater erzählte mir einmal, dass er Lehrlinge oft nach der Art des Türklopfens eingestellt habe. Man stelle sich vor. Jemand klopft zaghaft an die Tür. Sofort entsteht innerlich eine Vorstellung der Person, die sich ankündigt. Ganz so, als ob wir die Stimme von jemandem erstmals am Telefon hören. Wie klar wir uns unterbewusst schon ein Bild des unsichtbaren Kommunikationspartners gemacht haben, wird uns meistens erst klar, wenn die Tür aufgeht und er oder sie hereinkommt. Die Überraschung ist manchmal groß. Die Optik will nicht zum ersten akustischen Eindruck passen.

Mögliche Wertezuschreibungen:

- Zurückhaltendes Klopfen: z.B. Rücksichtnahme, Respekt, Bescheidenheit.
- Mittelstarkes Klopfen: z.B. Interesse, Verantwortung, Ausgewogenheit.
- Kräftiges Klopfen: z.B. Selbstvertrauen, Innovation, Leidenschaft.

PS: Mein Vater bevorzugte es übrigens, wenn Bewerber drei Mal mittelstark und gleichmäßig klopften.

Anmerkung:
Ich bleibe bewusst bei Worten wie „möglich", „Zuschreibung" bzw. „Assoziation", wenn es um Werte geht, und verwende meistens positive Begriffe dabei. Denn die wahre Absicht eines Menschen, wenn er/sie mit anderen kommuniziert, kann ich niemals wirklich beurteilen. Sie bleibt immer in der Verantwortung des/der Sender/in. Jedoch bei der Interpretation dessen, was ich empfange, habe ich sehr wohl eine

Ob eine Tür aufgeht oder verschlossen bleibt, kann daran liegen, welche Werte „anklopfen".

Wahl. Wenn es mir bewusst und möglich ist, entscheide ich mich für eine Perspektive bei meiner Interpretation. Und zwar für die „wertvolle" Variante. Denn diese Wahl bestimmt mit, wie ich die Welt und die Menschen um mich herum betrachte und wahrnehme. Missgünstig oder wohlwollend, gering- oder wertschätzend. Damit gestalte ich meine Sicht auf meine Umwelt und letztlich auf mich selbst mit. Weil ...

Kommunikation wirkt immer! Von innen nach außen und von außen nach innen.

Der „lebt" das richtig!

Apropos „mein Vater". Als ich begann, mich mit dem Thema Werte zu beschäftigen, wandte ich mich an eine mir vertrauenswürdig vorkommende Quelle – meinen Vati. Er hat 35 Jahre lang seine Firma, ein mittelständisches Textilunternehmen, geleitet und in dieser Zeit als Führungskraft insgesamt 250 Mitarbeiter begleitet. Meine ebenso simple wie gefinkelte Frage war: „Vati, was waren deine drei wichtigsten Werte als Unternehmer?" Seine Antwort kam prompt und klar: „Verantwortung, Transparenz, Fairness – den Kunden und Mitarbeitern gegenüber." Ich fand diese Aussage zuallererst sehr beeindruckend klar und musste sie natürlich sofort kritisch hinterfragen. Wir führten eine interessante Diskussion darüber, was die jeweiligen Begriffe für meinen Vater theoretisch und praktisch bedeuten und schließlich fiel seinerseits der Satz: „Bitte, ich weiß natürlich nicht, ob mich alle so gesehen haben, sicher nicht, aber ich habe immer versucht, nach diesen Kriterien zu handeln." Da wir ja nun wissen, dass Selbst- und Fremdbild nicht immer so ganz übereinstimmen (siehe Kapitel 2), ist dieser Einwand nachvollziehbar. Wie ich mich selbst gerne sehe, kommt nicht immer zwangsläufig auch bei den anderen so an.

Woran sollte ich nun erkennen, ob mein Vater tatsächlich seine Werte „lebte"? Die Antwort dazu fand ich in einer Zahl. Von den 250 Mitarbeitern und Mitarbeiterinnen, die mein Vater in seiner 35-jährigen Führungstätigkeit beschäftigt und begleitet hatte, hatte niemand (also 0) das Unternehmen von sich aus verlassen oder gekündigt. Scheinbar konnte mein Vater seinen Arbeitnehmern und Arbeitnehmerinnen stets vermitteln, wie verantwortungsvoll, transparent und fair er agierte. Im Gegenzug bekam er von ihnen dafür unter anderem Loyalität, Fleiß und Verlässlichkeit. Und außerdem Vertrauen von seinen Kunden. ☺

Daraus ergeben sich für mich zwei Schlussfolgerungen:

- Wer aktiv seine Werte lebt, bekommt Werte im Gegenzug zurück.
  Werte schaffen Werte!
- Wer als Rollenvorbild nach Werten handelt und diese teilt, wirkt anziehend auf andere.
  „Werte kann man nicht lehren, nur vorleben."
  Viktor E. Frankl

Werte-Vorbild sein – „leading by example"

Bewusstsein für die eigene Wirkung – wofür ich stehe!

Natürlich ist es mir in diesem Rahmen nicht möglich, für alle Werte eine Übungsanleitung anzubieten. Außerdem ist es aus meiner Sicht nicht sinnvoll, Ihnen „Schablonen" vorzuzeichnen, anhand derer Sie meine Werte-Kommunikation kopieren können. Es geht um Ihren Ausdruck, um Ihr Erlebnis und Ergebnis.

Stattdessen habe ich im Zuge unzähliger Trainings einen praktischen Leitfaden entwickelt, mit dem Sie sich jedem Wert nähern können, der für Sie relevant ist. Damit er transportierbar, also für Ihre Kommunikationspartner sicht- und spürbar wird. Und Ihnen das Gefühl gibt, aktiv diesen Wert zu leben und in die Welt zu tragen.

Diese drei Schritte machen Ihre Werte erlebbar:

- Fokus auf den Wert legen – durch Präsenz.
- Dem Wert Wirkungsraum geben – durch Subtext.
- Werte teilen – durch Perspektive und Winkel.

Fokuswert – im Zentrum der Aufmerksamkeit

Schritt 1: Da schau her – Fokus und Präsenz!

Den Fokus setzen, bedeutet die Aufmerksamkeit bewusst auf einen Punkt zu lenken. In der Körpersprache genügt dazu meist ein konzentrierter Blick in eine Richtung oder auf ein Objekt. Und die Umgebung folgt dem Beispiel. Ich selbst probiere das zum Spaß immer wieder gerne aus. Vielleicht haben Sie selbst schon einmal jemanden gesehen (vielleicht war das sogar ich ☺), der/die auf einem belebten Platz stehen bleibt und konzentriert in den Himmel blickt. Was passiert innerhalb kürzester Zeit? Passanten heben ebenfalls den Blick und verlangsamen ihren Gang, um zu sehen, was denn da so Spannendes am Himmel stattfindet. Manche bleiben sogar stehen und es bildet sich eine Gruppe, von der man irgendwann nicht mehr weiß, wer zuerst nach oben geschaut hat. Und wer würde nicht, zumindest kurz, einen Blick hinauf wagen? Womöglich könnte man etwas verpassen ...

Im Zusammenhang mit Werten bedeutet Fokus, sich konkret einem bestimmten Wert zuzuwenden. Ihn in den Mittelpunkt der Aufmerksamkeit zu rücken. Nehmen wir zum Beispiel die aktuell besonders gefragte *Nachhaltigkeit*. Auch wenn es sie immer schon gab, wird erst seit wenigen Jahren der Fokus auf diesen Wert gerichtet – von verschiedenen Seiten und Systemen. Seien es Industrie, Marketing, Bildungseinrichtungen, Politik etc.

Allerdings, Fokus allein reicht natürlich nicht. Ist er einmal gesetzt und kann uns das Angebotene anschließend nicht „bei der Sache" halten, fesseln, motivieren, inspirieren, so verlieren wir ihn schnell wieder. Und wenden uns unmittelbar interessanteren Dingen zu. Meiner Beobachtung nach verkürzt sich die Aufmerksamkeitsspanne von uns Menschen in den letzten Jahren rasant. Immer schneller lassen wir uns ablenken von neueren, vielversprechenderen, aufregenderen Dingen. Man vergleiche nur ältere Filme mit denen von heute. Die Szenen werden kürzer, die Schnitte rasanter, das Sprechtempo schneller. Dabei kann uns aber möglicherweise genau dadurch das „Wertvolle" entgehen.

Übrigens, den Fokus können Sie auch jederzeit nach innen richten. Konzentrieren Sie sich doch einfach einmal auf Ihre Atmung. Und plötzlich bemerken Sie, worauf Sie die meiste Zeit des Tages nicht achten. Auch wenn es lebensnotwendig ist.

Präsenz = ICH-JETZT-HIER

Präsenz ist einer der wichtigsten Werte für gelungene, wirksame Kommunikation. Er ermöglicht es anderen Werten, im Hier und Jetzt zu wirken. Denn nichts anderes bedeutet „präsent sein". Ich erlebe bewusst den Moment. Weder durch Gedanken an die Zukunft oder die Vergangenheit zerstreut, noch durch Gefühle, ausgelöst durch andere Situationen oder Menschen, abgelenkt. Präsenz bündelt meine Aufmerksamkeit und Wirkkraft augenblicklich. Und schafft so Raum für Werte-Erlebnisse.

Routine und Ablenkung behindern Präsenz. Kennen Sie das? Sie telefonieren während einer Autofahrt und stellen nach einiger Zeit fest, dass Sie sich kaum an die zurückgelegte Strecke erinnern können. Oder Sie bemerken am Telefon, dass Ihr/e Gesprächspartner/in nebenbei einer anderen Beschäftigung nachgeht (z.B. E-Mails checkt oder die Post öffnet), obwohl Sie das nicht sehen können. Sie wissen, dass er/sie nicht ganz bei der Sache/bei Ihnen ist. In beiden Fällen mangelt es an Präsenz. Und damit an Wirkung – nach innen und außen.

ÜBUNG

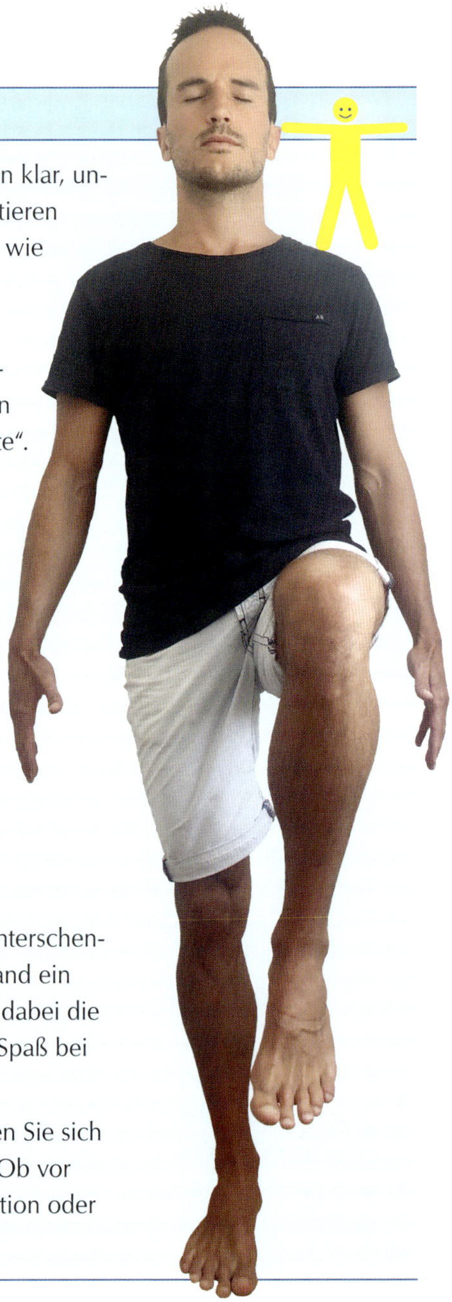

Der Schlüssel, mit dem Sie Ihre Botschaften klar, unmittelbar und nachhaltig anderen transportieren können, ist Präsenz. Eine einfache Übung, wie Sie sich sofort ins Hier und Jetzt bringen können, funktioniert so:

Stellen sie sich bitte auf ein Bein und kommen Sie in Balance. Denken Sie nun an ein beliebiges längeres Wort, z.B. „Einkaufsliste". Dieses Wort versuchen Sie im Anschluss von hinten nach vorne zu buchstabieren. Allerdings schließen Sie dazu Ihre Augen. Und bleiben dabei auf einem Bein stehen.

Merken Sie, wie schwierig, ja geradezu unmöglich es ist, rückwärts zu buchstabieren, während Sie damit beschäftigt sind, blind auf einem Bein stehen zu bleiben? Diese Aufgabe erlaubt nämlich keine Ablenkung und kein „Multitasking".

Ebenso können Sie versuchen, mit dem Unterschenkel einen Kreis und gleichzeitig mit der Hand ein Rechteck in der Luft zu beschreiben. Und dabei die 27 EU-Mitgliedsstaaten aufzuzählen. Viel Spaß bei dieser Herausforderung. ☺

Mit dieser oder ähnlichen Übungen können Sie sich sehr schnell jederzeit in Präsenz bringen. Ob vor einem wichtigen Gespräch, einer Präsentation oder um einen Wert zu aktivieren.

Es gilt die Formel: „Mehr Fokus + mehr Präsenz = mehr Wert!“

Schritt 2: Raum für mehr Ausdruck – die Macht des Subtexts

Subtext ist ein Begriff aus der Theatersprache und bezeichnet die „Absicht“ bzw. den „emotionalen Antrieb“, mit dem die Körpersprache bzw. das gesprochene Wort unterlegt ist. Eben das, was „unter“ (sub) dem Text an Haltung und Stimmung vom Sender an seinen Empfänger vermittelt wird.

Ein einfacher Satz als Subtext in einem klaren Gedanken den eigenen Handlungen und Worten vorangestellt, beeinflusst effektiv den persönlichen Ausdruck und damit die Atmosphäre eines Gespräches bzw. einer Situation.

Jeder Subtext beginnt damit, sich selbst im Moment (Präsenz!) eine bestimmte Eigenschaft bzw. Einstellung einer Person oder Lage gegenüber zu *erlauben*. Und dann so zu sein. Wählen Sie einfach aus Ihrem persönlichen Gemütsrepertoire. Und dann fassen Sie den Gedanken, z.B. „Ich bin ... dankbar.“

Und schon kommunizieren Sie wertvoll. Ganz nach Ihrem eigenen Wertekompass. Es ist eine simple, aber sehr wirkungsvolle Theatertechnik. Ist der Gedanke erst einmal bewusst gefasst, tun Körper und Stimme einfach „das Richtige“.

ÜBUNG

Versuchen Sie es selbst. Mit einem Gesprächspartner Ihrer Wahl oder auch gerne vor dem Spiegel. Dabei ist der Text des Gesagten völlig egal. Ob Sie Ihr Lieblingsrezept, ein bekanntes Kinderlied oder einfach das kleine Wörtchen „ja“ aussprechen – der Subtext macht den Wert. Hier einige Beispiele für förderliche Subtexte, die schnell eine Verbindung zu Ihrem Kommunikationspublikum herstellen:

- „Ich bin interessiert.“
- „Ich bin sympathisch.“
- „Ich bin respektvoll.“
- „Ich bin begeistert.“
- „Ich bin freundlich.“

Experimentieren Sie mit den Werten auf Ihrer Liste (siehe Seite 161 ff.) und finden Sie heraus, ob Ihre Werte bei anderen „rüberkommen". Und für die ersten Versuche „in freier Wildbahn" (z.B. an der Supermarktkasse oder im Restaurant) empfehle ich Ihnen meine drei liebsten Subtexte, die mir und anderen immer sehr guttun:

- „Ich mag dich."
- „Ich interessiere mich für dich."
- „Ich bin zuversichtlich."

Sie werden sehen, Subtext wirkt immer!

Probieren Sie's aus. ☺

Anmerkung:
Wie sehr die innere Haltung die äußere beeinflusst, habe ich bereits ausführlich in meinem Buch „körpersprachlICH" – Wirkung ohne Worte" (erschienen im Verlagshaus der Ärzte 2016) beschrieben. Wie konkret, klar und effektiv Körper und Geist zusammenarbeiten können, zeigt sich besonders gut anhand des „Subtexts". Ein Gedanke genügt also, und der Körper vermittelt – bemerkenswert.

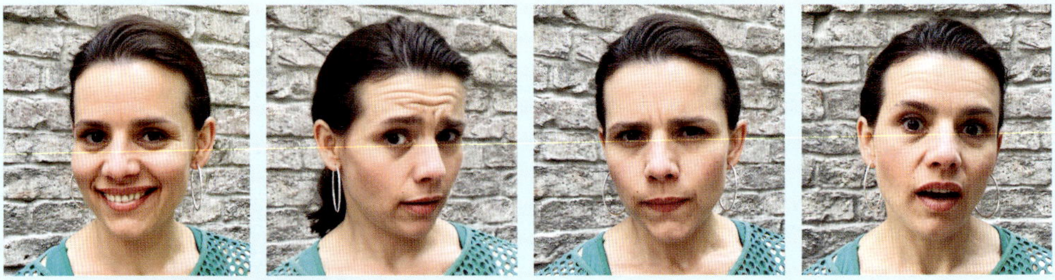

Allein das kleine Wörtchen JA kann unterschiedlichste Arten von Subtext vermitteln. Von herzlich bis zielstrebig, von seriös bis empathisch.

Schritt 3: Geteilter Wert – gemeinsame Perspektive

Wenn es um Körpersprache und Wirkung in der Kommunikation geht, sind Winkel, Distanzen und Perspektive immer wieder unterschätzte Themen. Aber nichts hat mehr Einfluss auf den Verlauf und Ausgang eines Gespräches. Nehmen wir an, Sie haben fokussiert und präsent mit passendem Subtext Ihren Wert präsentiert. Sie wollen damit überzeugen. Zustimmung erhalten, Mitstreiter/innen gewinnen, sich wertvoll verwirklichen. Da haben Sie aber die Rechnung ohne Ihr Gegenüber gemacht. Womöglich teilt er oder sie Ihre Sicht auf die Dinge nicht. Und das meine ich wörtlich.

Eine gemeinsame Aussicht ist nicht nur im übertragenen Sinn wichtig. Sie legt den Grundstein für einen Weg in die gleiche Richtung. Vermeiden Sie direkte Konfrontationen. Und das meine ich körpersprachlich, nicht im Sinne von Konfliktvermeidung.

Wenn sich zwei Menschen einander gegenüber befinden, haben beide einen gewissen „Standpunkt". Jeder hat seine eigene Perspektive und sieht im wahrsten Sinne des Wortes nicht, was der andere sieht. So kommt es lediglich zu einem Ping-Pong-Spiel mit Worten und Werten.

Verändern Sie allerdings die Position Ihres Oberkörpers, indem Sie eine Ihrer Schultern um 45° öffnen, so passiert etwas Verblüffendes. Nicht nur sehen Sie plötzlich auch einen Teil dessen, was Ihr Gegenüber sieht. Meistens tut es Ihr Kommunikationspartner Ihnen auch noch gleich und ändert auch seine Position, indem er/sie die spiegelgleiche Schulter ebenfalls um 45° öffnet. Dadurch entsteht ein 90°-Winkel zwischen Ihnen beiden – und eine gemeinsame Aussicht. Bedenken Sie, dass Sie immer noch Ihre eigene Perspektive haben. Sie gewinnen allerdings einen gemeinsamen Blickwinkel dazu. ☺

ÜBUNG

Stellen Sie sich direkt vis-à-vis mit einem/r Übungspartner/in im Abstand einer Armlänge auf. Nehmen Sie wahr, was Sie hinter und um Ihr Gegenüber alles sehen, und beschreiben Sie es. Ebenso beschreibt Ihr/e Übungspartner/in seine/ihre Sicht auf die Umgebung. Bemerken Sie die Spannung, Wärme, Energie, die zwischen ihnen beiden entsteht? Nun öffnen Sie Ihre Position um 45°. Vielleicht tut es Ihnen Ihr Gegenüber automatisch gleich. Bemerken Sie, wie die Spannung zwischen Ihnen automatisch abnimmt und sie dennoch nicht Ihre „Ansichten" aufgeben? Stattdessen haben Sie nur Ihren (gemeinsamen) Horizont erweitert.

◀ Beim Duell gibt es immer einen Gewinner und einen Verlierer – keine gemeinsame Perspektive bedeutet keine gemeinsame Lösung.

Wer miteinander konstruktiv sein will, sollte in die gleiche Richtung blicken. Gemeinsame Aussichten fördern gemeinsame Einsichten. ▶

Der Wert wächst, wenn man ihn (mit-)teilt.
Und das beginnt bei gemeinsamer Perspektive.

Werte erzählen – mit Geschichten, die Ihr Leben schreibt

Klar ist: Werte sind für alle da! Damit sie auch alle erreichen, will über sie gesprochen werden. Am besten so, dass alle gerne zuhören. Wie in Form von Geschichten. Glücklicherweise tragen Geschichten sehr oft Werte in sich – Werte tragen

Emotionen, und Emotionen sind unvergesslich! Wir wollen Werte spüren, und dafür sind Geschichten unerlässlich. Aber nicht nur das. Sie erklären uns das Leben, bieten Erkenntnis, Sinn, Motivation und Orientierung.

Wenn wir Informationen mit Hilfe unserer inneren Bilder, Erfahrungen und Gefühle transportieren, dann beginnt „Storytelling“. Wenn wir darüber hinaus anderen wertvolle, unvergessliche und inspirierende Botschaften übermitteln wollen, dann wird daraus „Storysharing“.

„Pass mir auf mein Baby auf“

„Ich war noch ein Lehrling“, erzählte mir der nunmehrige Werkmeister eines großen Autokonzerns, „ist also schon ein Weilchen her (Gelächter der Kollegen), aber an dieses Erlebnis erinnere ich mich, als wär's gestern gewesen.“

Das Ziel meines Trainings war es, das Feuer der Begeisterung jedes Einzelnen für die Arbeit und das Unternehmen, einen großen deutschen Autokonzern, wieder zu schüren. Für mich eindeutig eine Frage des inneren Antriebs, also (wieder-)belebter Werte. Zeit, den Fokus auf persönliche Beweggründe und Erfahrungen zu legen. Am besten mit Geschichten.

Der Werkmeister fuhr indessen fort: „Es kam also ein Auftrag rein. Alle wussten, dass dieser ein ‚spezieller‘ Kunde ist. Boss einer berühmt berüchtigten Motorradbande der Gegend. Bulliger Typ, jede Menge wilde Tattoos, finsterer Blick. Seine Maschine, eine bildschöne Harley-Davidson FLSTC Heritage Softail Classic Jahrgang 1997, hatte einen Motorschaden wegen des Kettenspanners. Knifflig, aber behebbar.

‚Pass mir gut auf mein Baby auf‘, sagte er noch, bevor er ging. Der Chef und meine Kollegen ließen mich mit einem eiligen ‚du machst das schon‘ allein in der Werkstatt zurück. Ich krieg das schon irgendwie hin, dachte ich mir. Falsch gedacht. Wie genau es passiert ist, weiß ich nicht mehr, jedenfalls war am Ende meiner Reparatur der Motor wirklich kaputt. Und ich am Arsch. ‚Hilfe, Chef, was soll ich jetzt tun?‘ ‚Viel Glück‘, meinte dieser nur, als ich ihm das Problem schilderte, und war weg. Kurze Zeit später kam der Motorradtyp zurück. Ich hatte einige gute Ausreden vorbereitet, glaubhafte Gründe, warum

es nicht meine Schuld war. Als er aber schließlich erwartungsvoll vor mir stand, konnte ich mich an nichts davon mehr erinnern. Aus meinem Mund kam nur ein Gestammel. ‚Ich wollte ... also es war so, dass ... ich wusste nicht, dass ... jedenfalls, ich hab's versaut. Der Motor ist kaputt und ich bin schuld. Aber ich werd' ihn wieder reparieren, versprochen, natürlich kostet das nichts extra.'

Als Antwort sah er mich nur grimmig mit rotem Kopf und zornigen Augen an. Dann drehte er sich um und ging. Danach erinnere ich mich an jede Menge Angstschweiß, Verzweiflung, die sich zu nackter Panik steigerte, als der kräftige Kerl mit zwei weiteren, mindestens ebenso kräftigen und furchteinflößenden Kerlen zurückkam und sich drohend vor mir aufbaute. ‚Ich bin sowas von tot', dachte ich nur. Er zeigte mit dem Finger auf mich und sagte zu seinen Kumpels: ‚Der da hat mein Baby ruiniert ...' Ich machte mich bereit, den ersten Faustschlag zu kassieren. ‚... und wisst ihr was? Er hat's zugegeben und gemeint, er wird's wieder reparieren. Klasse Kerl, zu dem könnt ihr gehen. Da passt die Einstellung.' Und ganz plötzlich, ohne, dass ich wusste, wie mir geschah, hatte ich überlebt und dazu acht neue Kunden gewonnen. Alles Mitglieder derselben Motorradgang. Und das ist bis heute so geblieben. Seither weiß ich: Mut zahlt sich aus, Ehrlichkeit zahlt sich aus, Verantwortung übernehmen zahlt sich aus. Dieses Erlebnis erinnert mich immer wieder daran. Und an Deo. Weil, Angstschweiß stinkt echt ekelhaft!"

Weshalb Geschichten?

Was Geschichten alles können und was sie mit Werten zu tun haben, dazu habe ich einen wunderbaren Kollegen und absoluten Profi auf diesem Gebiet befragt.

Er sagt: Wir sind alle „Story-Maschinen" – der Mensch wird erst zum Menschen durch die Geschichten, mit denen er sich sein Leben erklärt. Wovon wir reden, wenn wir von Story reden, und wie Storys uns stark machen, als Menschen, Teams und Gesellschaft, darum dreht sich alles bei der Arbeit von Markus Gull. Er ist: The-Story-Dude-Motivator und Impulsgeber. Ein Mann, der mit seinen Kunden Geschichte(n) schreibt: „No Story. No Glory."

Lieber Markus, nehmen wir an, ich habe einen Wert, der mir wichtig ist, für mich gefunden – wie bekomme ich diesen „Begriff" jetzt so einfach wie möglich in das Begreifbare?

Dafür brauchen wir Geschichten – die sind nämlich seit wir als Menschen begonnen haben, Sprache zu entwicklen, unsere Werkzeuge zur Lebenserklärung: Mythen und Metaphern ... siehe auch die Religionen, die neben aller Spiritualität ja reichhaltige Metaphernsammlungen als Lebensführungshilfe sind.

Aber viele Menschen wissen ja gar nicht, wie man Geschichten erzählt ...

Ja, leider! Unsere Gesellschaft hat sich in vielen Bereichen so falsch entwickelt an Stellen, die man einfach übersehen hat. Wie ist denn früher Lebensklugheit in die Kinder hineingekommen? Das Stichwort heißt „Großfamilie" ... aber die gibt's heute nicht mehr. Der muss man auch nicht unbedingt nachweinen, aber wir haben für die lebensnotwendigen Aspekte, die damit verloren gingen, keinen Ersatz geschaffen. Die Schule versagt hier leider völlig! Dort wird hauptsächlich Information vermittelt, aber kaum echte Bildung. Dabei gäbe es gerade dafür einen großen Schatz an Geschichten – tief verwurzelt in der Geschichte der Menschheit, mit dem man helfen könnte, ins Leben zu kommen. Und dort müssen wir unbedingt wieder hin.

Um was zu erreichen?

Dass wir Sinn in unserem Leben finden, in dem, was wir tun, in unserem Da-Sein. Dass wir Bedeutung erkennen und Beziehung – den Wert und den Selbstwert – vor allem auch in dem, was wir unsere Arbeit nennen. Wir sollten arbeiten gehen, damit wir Wert schaffen, nicht Wert anhäufen.

Inwiefern spielen Werte denn letztendlich eine Rolle bei den Geschichten, die wir nun erzählen?

Mehr über Markus Gull und unser aktuelles gemeinsames Projekt finden Sie unter

www.markusgull.com

sowie

www.mindbusters.at

Ganz klar – die Werte sind die Bausteine dafür.

Und wie viele brauche ich da?

Ein einziger genügt, der ist aber unbedingt notwendig! Walt Disneys Bruder Roy – der hat übrigens die Trickfilmstudios gebaut – hat einen wunderbaren Satz gesagt: „Jede Entscheidung wird einfach, wenn du deine Werte kennst." – Das kann ich doppelt unterstreichen, wobei wir „einfach" nicht mit „leicht" verwechseln sollten.

Und dann kann man fast schon die Welt verändern?

(Lacht) Es soll unser Ziel sein, die Welt nicht nur zu verändern, sondern besser zu verlassen, als wir sie betreten haben. Das wäre doch schon so etwas wie Sinn, oder?

Ein großes Ziel …

… und definitiv die Herausforderung unserer Zeit, die wir nur miteinander bewältigen können. Dass das klappt, sehen wir zum Beispiel im Kino bei „The Avengers". Ein Haufen unterschiedlichster Superhelden, die sich teilweise nicht einmal mögen. Aber jeder bringt das ein, was er am besten kann, und so kann man die größten Probleme der Welt „lösen". Man muss nicht einmal befreundet sein – auch wenn's so mehr Spaß machen würde …

Klingt nach Happy End?

Aber das „Happy End" ist natürlich nicht das Ende! Man sollte jetzt das Gelernte mit in die „alte" Welt nehmen. Dort anwenden! Um letztendlich eben die Welt zu verbessern!

Danke, Markus! ☺

Deshalb Geschichten!

- Geschichten dienen als Übersetzungs- und Erklärungshilfe zwischen verschiedenen „Sprachen", z.B. Fach- vs. Kundensprache (Technik, Service etc.) oder Expertenwissen vs. Laienvorstellung (z.B. Fußball, Kultur etc.).
- Geschichten bilden einen persönlichen Bezug, eine individuelle Verbindung zum Kommunikationspartner.
- Geschichten erzeugen Emotionen, und emotionale Botschaften sind unvergesslich.

Als Rednerin lernt man schon früh den Merksatz kennen:
„Tell a story, make a point."
Ich sage: „Tell a story, reveal a value."

Beachtenswert

Ein guter Titel ist schon die halbe Miete – er erzeugt bei den Zuhörern/innen Neugier und Bilder im Kopf.

Teilen, teilen, teilen! Je öfter Sie Ihre besondere Geschichte erzählen, desto klarer werden Ihre Botschaften, desto knackiger und damit spannender, kurzweiliger, unterhaltsamer sind sie für Ihr Publikum.

„Der letzte Eindruck bleibt!" – Das Ende bestimmt über den Gesamteindruck, den die Geschichte beim Publikum hinterlässt. Es ist also

Robin Hood steht für „Mut und Gerechtigkeit" – immer wieder gut zu sehen.

wichtig, schon vorher zu wissen, was jeweils die Botschaft, die Moral, der Witz, die Erkenntnis der Erzählung ist.

Anmerkung:
Wussten Sie, dass es von Cinderella über 120 Verfilmungen gibt und auch unzählige von Robin Hood? Warum? Weil wir dieselben Werte immer wieder präsentiert bekommen wollen. Damit sie uns erinnern, motivieren, inspirieren. Gerne auch immer wieder in neuem Gewand. ☺

ÜBUNG

Your story!

„Darüber müsste man einmal ein Buch schreiben." Sagen viele und tun es dann doch nicht. Warum eigentlich nicht? Jede Reise beginnt mit dem ersten Schritt. Schreiben Sie doch einfach mal eine Ihrer Geschichten auf. Oder zeichnen Sie sie auf ein sogenanntes Storyboard.
Auf der nächsten Seite finden Sie ein Arbeitsblatt, das Ihnen das Notieren Ihrer Geschichten erleichtern soll. Auf der x-Achse des Koordinatensystems ist die Zeit (Timeline), also in welchem Tempo sich Ihr Erlebnis abgespielt hat, auf der y-Achse geht es um die Gefühlskurve, also welche Emotionen Sie mit dem Erlebten verbinden. Egal, ob Sie die Szene lieber kreativ visuell umsetzen oder logisch nach Frageschema vorgehen wollen, am Ende steht da Ihre individuelle, unverwechselbare Geschichte und möchte von Ihnen geteilt und weitererzählt werden.

Meine einprägsame ____________________ (Wert)-Geschichte

Titel: ____

Start:	In welcher Situation war ich/waren wir?
Herausforderung:	Warum war es notwendig, etwas zu unternehmen?
Lösungsweg:	Was war mein/unser Plan und wie habe ich/haben wir ihn verfolgt?
Hindernisse:	Welche Schwierigkeiten musste ich/mussten wir auf unserem Weg überwinden, wie habe ich/haben wir es geschafft?

Nutzen:	Was haben wir/unsere Firma/unsere Kunden davon?
Botschaft:	Was können/haben wir alle daraus lernen/gelernt?

Übrigens, die von mir auf Seite 79 f. wiedergegebene Geschichte hat mir besagter Werkmeister wirklich erzählt. Für mich ist sie unvergesslich und sehr wertvoll. Und von seinem Kollegen gezeichnet sah sie so aus ☺:

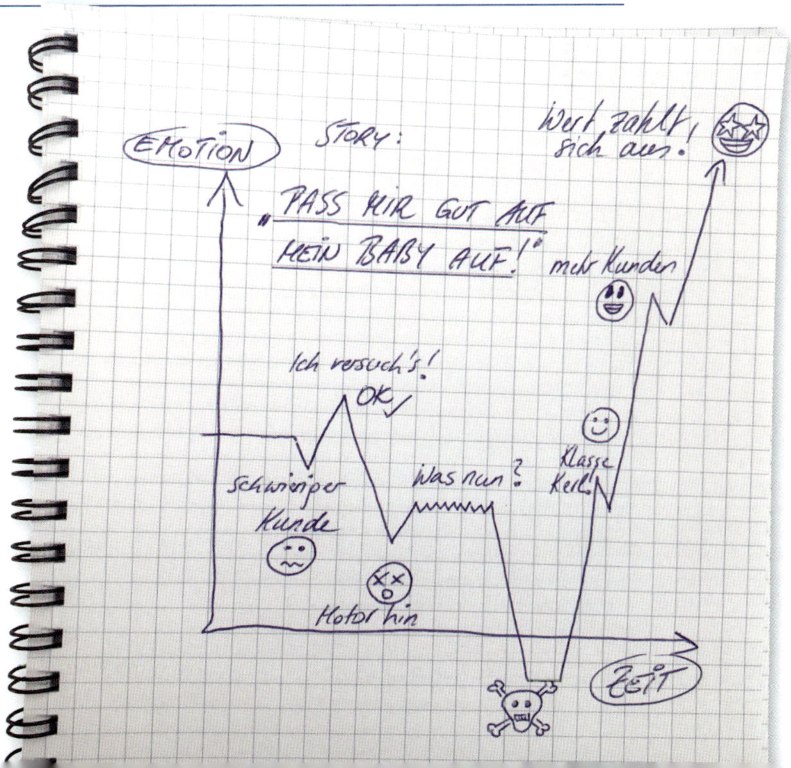

Werte inszenieren – willkommen in meiner Wertewelt

Eine Hochzeit kann *so* gestaltet sein …

… oder *so*. Um Liebe geht es immer.

Was bedeutet eigentlich Inszenierung?

Niemand und nichts kommt ohne Inszenierung aus – das war schon immer so.

Glauben Sie nicht? Und was wäre dann eine Hochzeit? Etwa keine Inszenierung von Zuneigung, Zuversicht, Verbindlichkeit? Oder ein Firmenjubiläum? In Szene gesetzte Anerkennung, Dankbarkeit, Respekt. Ich meine das gar nicht negativ oder manipulativ, ich meine damit, dass wir alle Regisseure des Lebens sind. Wenn es um kulturell traditionelle Feiern geht, aber auch, wenn wir unsere eigenen Rollen gestalten und persönliche Werte ausdrücken, z.B. in Form von Kleidung (Kostüm) oder der Gestaltung unseres Zuhauses (private Bühne). All das sagt etwas über uns aus und all das können wir bewusst und kreativ gestalten.

„Zeig mir, wer du bist! Was soll ich sehen? Natürlich deine wertvollsten Seiten – wofür du stehst. Woran du glaubst. Und was du mit mir teilen willst."

Ich kann Ihnen versichern, die Möglichkeiten der Darstellungen sind schier endlos, wenn Sie sie nutzen. Sie haben die Wahl!

Anmerkung:
Keine Angst vor dem Verlust von „Authentizität", von Echtheit! Nein, Sie sollen NICHT zum/r Schauspieler/in werden, etwas „darstellen", was Ihnen nicht entspricht, was Sie nicht sind, woran Sie nicht glauben. Es sind IHRE Werte, IHRE Formen der Kommunikation, IHR Ausdruck, und vieles davon ist erlernt, gewohnt und war nicht „schon immer da" oder ist „Charaktersache". Sie haben die gesamte Ausdrucks- und Gefühlspalette authentisch zur Verfügung. Erlauben Sie es sich

auch, sie zu benutzen! Denn „Authentizität" allein ist noch keine Auszeichnung. Ohne die notwendige Balance zum Gegenwert „Selbst-bewusst-sein" (siehe „Besonnenheit") können Sie auch jederzeit authentisch völlig unsympathisch sein. ☺

„Setup" – meine Werte in Szene gesetzt

Durch das Sichtbarmachen gemeinsamer Werte kann sofort ein Gefühl der Gemeinschaft, der Zugehörigkeit entstehen. Es ist eine Einladung, Überzeugungen zu teilen.

Seminarräume, zum Beispiel, sind meistens eher neutral und funktionell ausgestattet. Kürzlich kam ich in einen Seminarraum und war überrascht. Dieser war sehr liebevoll und sorgfältig gestaltet. Mit einer bunten Decke im Zentrum eines Sesselkreises, darauf Blumen, entzückend beschriftete Steine als kleine Aufmerksamkeit für jede Kursteilnehmerin, Snacks und Getränke. Auf meine Nachfrage, wieso dies so sei, meinte die Organisatorin der Veranstaltung: „Warum? Das sind unsere Werte! Wir wollen zusammen Achtsamkeit, Kreativität, Genuss, liebevolles Miteinander leben – so genießen wir unseren Workshop, das machen wir für uns." ☺

Klingt einladend, ist es auch. Inszenierung, Unterhaltung, überwundene Hürden – das zieht Menschen an und lädt zum Mitleben ein. Im Seminar. Im Alltag. In der Werbung. An welche Schokoladenmarke denken Sie beim Begriff „Dankbarkeit"?

Genau, Merci-Schokolade. Wer will da nicht gleich jemandem „danke" sagen? Auch, aber sicher nicht nur wegen der Schokoladenspezialität, oder? „Merci" STEHT einfach für „Dankbarkeit". Und so lässt sie sich sogar verschenken – mit einer klaren Botschaft, einfach inszeniert. Jedoch ist die Wirkung der Werbung nur von kurzer Dauer, wenn wir uns nicht selbst aktiv mit unseren Werten einbringen und sie immer wieder Bestätigung erfahren.

„Danke heißt Merci."

Lasst Taten sprechen. Und Ausstattung. Und Kostüm. Und Requisiten. Erlaubt ist, was gefällt – und klar Ihre Motivationen vermittelt. Es mag etwas provokant klingen, aber wie immer sind es die innere Haltung und der Antrieb, die zählen.

Requisiten und Dekoration im Einsatz

Als Requisiten seien hier alle Utensilien bezeichnet, die im beruflichen oder privaten Gebrauch körpersprachlich oder als Dekoration in einer Situation zum Einsatz kommen. Und die Wirkkraft einer gewünschten Aussage unterstützen.

Dabei kann ein Requisit, je nach Szenesetzung, verschiedene Botschaften und Werte vermitteln.

Ein Apfel steht beispielsweise für ...

- Gesundheit und Nachhaltigkeit,
- Mut und Präzision,
- das Teilen.

Wertigkeit des Objekts – Requisiten bewusst benutzen

- Mobiltelefon – Achtung „Fokuskiller“! Lenkt die Aufmerksamkeit ab von der aktuellen Außensituation; reduziert Präsenz, Aufnahmebereitschaft und fördert zumeist eine „traurige“ Haltung (Kopf gesenkt, Schultern hängend), die nicht nur nach außen traurig wirkt!
- Kugelschreiber – kann als Waffe oder Zeigewerkzeug interpretiert werden.
- Geschenke (Päckchen, Bücher, Blumen, Pralinen etc.) – nicht als „Barriere“ zum Gesprächspartner benutzen, auf Winkel achten!

- Werbemittel – sind Geschenke und sollten auch als solche überreicht werden – offene Handhaltung, wertschätzende Geste (siehe Kapitel 4).
- Brillen, Ohrringe, Ketten, andere Accessoires etc. – alle Gegenstände, auch zum Outfit gehörend, sind als Requisiten zu betrachten und können (absichtlich oder unabsichtlich) Aufmerksamkeit erzeugen. Seien Sie sich dessen bewusst und überprüfen Sie Ihre Körpersprache auf den Umgang mit diesen Requisiten/Objekten und die Wirkung, die Sie damit vielleicht haben.

Kleine Requisiten mit großer Wirkung

Es gilt: Requisiten können spielerisch oder ganz konkret eingesetzt werden. Oder GAR NICHT! Bewusstheit macht den Unterschied! Wirkung passiert immer.

Gestaltung ganz nach Ihrem Sinn

Beantworten Sie sich selbst folgende Fragen und – voilà – schon sind Sie Spielleiter/in und Gestalter/in auf der Bühne Ihres Lebens.

Die vier Ws: *Wer* kommt zu *wem wohin* und *warum*?

- Wer sind meine Gäste, mein Publikum? Was haben wir gemeinsam?
- Welche Rolle verkörpere ich in dieser Szenerie? Wie will ich sie gestalten?
- In welcher Umgebung findet die Inszenierung statt? Wie soll der Raum aussehen?
- Um welchen Anlass geht es? Welche Werte möchte ich ins Rampenlicht rücken?

Empfehlung:
Achten Sie besonders auf Gemeinsamkeiten und die Verbindung zu Ihrem Publikum, den Gästen, dem/r Kommunikationspartner/in – das macht jedes Ereignis wertvoller.

ÜBUNG

Eigene Beerdigung

In seinem Buch *Die 7 Wege zur Effektivität* gibt Stephen R. Covey der Frage nach den Werten eine sehr spannende Umschreibung: „Schon am Anfang das Ende im Sinn haben." Er beschreibt in diesem Teil des Buches auch eine kleine Visualisierungsübung, in der es darum geht, sich Folgendes vorzustellen (gekürzt): Sie sehen Ihre Freunde, Familie, Bekannten und Verwandten zur Beerdigung eines geliebten Menschen gehen. Und auch Sie gehen dorthin. Und als Sie nach vorne treten und in den Sarg schauen, erschrecken Sie. Denn es sind Sie selbst, der hier beerdigt wird. Sie setzen sich und schauen ins Programmheft der Beerdigung. Und sehen, dass vier Menschen etwas über Sie sagen werden. Einer von ihnen ist jemand aus Ihrer Familie, der zweite Sprecher ist einer Ihrer Freunde. Einer ist beruflich mit Ihnen verbunden und der letzte Vortragsredner kommt aus einem Verein, in dem Sie sich engagiert haben.
Was würden Sie gerne von jedem einzelnen dieser Redner über sich und Ihr Leben hören? Wie genau möchten Sie von diesen Menschen beschrieben werden? An welche Ihrer Werte und Charakterzüge sollen sie sich erinnern?

Und was soll auf Ihrem Grabstein einmal stehen?

Ja, diese letzte Übung erfordert schon einiges an Überwindung. Und vielleicht überspringen Sie sie sogar, weil sie Ihnen unangenehm ist. Bin ich Ihnen zu nahe getreten? Erzeugt die Aufforderung, sich mit Ihrem eigenen Lebensende zu befassen, inneren Widerstand bei Ihnen? Tja, egal wie gut Sie sind oder wir es meinen, wo Werte sich zeigen, entstehen auch Wertekonflikte. Stellen wir uns ihnen gemeinsam.

KAPITEL 4

Werte-Widerstand

Wo Licht ist, da ist auch Schatten

Jetzt wird's unangenehm. Vielleicht dachten Sie, es handelt sich hier um ein „Alles-eitel-Werte-Wonne"-Buch? Falsch gedacht. Es wäre auch nicht richtig, das zu behaupten. Bei kaum einem Thema schlagen die emotionalen Wellen so hoch, wie bei den Werten. Denn auch wenn alle Werte gut sind, sind sie eben nicht für alle *gleich* gut!

Schon seitdem ich mich mit Werten beschäftige, höre ich von Klienten und Klientinnen den Satz: „Was für dich ein Wert ist, muss für mich noch lange keiner sein!" Stimmt. Das Entscheidende an dieser Aussage ist aber keinesfalls, ob es sich tatsächlich um einen Wert handelt oder nicht. Entscheidend sind die zwei kleinen Wörtchen „für mich".

> „Menschen haben eine natürliche Neigung zu denken, ihre Werte sind die besten, nicht nur für sich selbst, sondern für alle Menschen."
>
> *Steven Reiss (1947–2016)*
> US-amerikanischer Psychologe

Auf welcher Seite stehen Sie?

Ein Vater will, dass sein Sohn das Familienunternehmen übernimmt. Der Sohn ist mit den Firmenwerten aufgewachsen und zeigt auch Interesse, die Firma weiter zu führen. Jedoch kommt es sehr bald zum Konflikt zwischen Jung und Alt. Der Vater scheint mehr orientiert an „konservativen" Werten, der Sohn eher an „zeitgeistigen". Der Seniorchef meint, die *Innovationen* und Ideen zur Veränderung des Juniors würden der *Glaubwürdigkeit* und Reputation des Unternehmens schaden. Der Sohn sieht im Beharren seines Vaters auf *Bescheidenheit* und *Kontrolle* ihm gegenüber eine Einschränkung seines neu gewählten Führungsstils der *Aufgeschlossenheit* und des *Teamgeistes*.

Auch in der Belegschaft beginnen sich schnell zwei Gruppen zu bilden. Eine, die dem Seniorchef nachtrauert und meint, „früher mit dem alten Chef war alles besser", die andere, die dem Juniorchef zugetan ist und sagt, „endlich einer, der frischen Wind reinbringt".

Und schnell entstehen die ersten zwischenmenschlichen Spannungen und kleinen Risse ...

Welcher Gruppe ordnen Sie sich selbst zu, wenn Sie diesen Text lesen? Natürlich sind beide Seiten verständlich. Der Junior, der seinen eigenen Weg gehen will, und der Senior, der möchte, dass sein Lebenswerk geachtet wird.

Sind Sie Veränderungen gegenüber aufgeschlossen? Wirklich aufgeschlossen? Oder verlassen Sie sich lieber auf Vertrautes? Ziehen das Bekannte dem Unbekannten vor?

Wem stimmen Sie zu? Für welche Werte können Sie sich begeistern?

Zu welcher Seite Sie sich auch immer ehrlicherweise eher hingezogen fühlen – Sie liegen nicht richtig! Und auch nicht falsch! Nur näher an Ihren eigenen Wertvorstellungen.

Es ist erstaunlich, wie einfach uns Werte verbinden, aber auch trennen können, wenn wir uns nicht auf die „gemeinsamen" konzentrieren. Aber dazu später mehr.

Jeder Generationenkonflikt ist auch ein Wertekonflikt.

Dein Wert ist nicht mein Wert!

Es scheint, als könnte selbst das Gute uns noch bedrohlich erscheinen, wenn es nicht auf unserem eigenen „Mist" gewachsen ist. Zumindest sollte man vorsichtig und skeptisch sein – immer und allem gegenüber, das uns unbekannt ist. Oder? Zur Sicherheit legen wir uns eine Abwehrhaltung zu, zur Verteidigung ... im Notfall ... oder schon früher ...

Wir alle sind Kampfsportler. Wir lernen früh, auf Gefahr schnell zu reagieren. Auch in der Kommunikation. Im Namen der Verteidigung von Werten werden weltweit Kriege geführt und Grenzen gezogen. Die gute Absicht wirkt als unaufgeforderte Einmischung, das einstmals Wertvolle wird plötzlich als überflüssig betrachtet.

Wer den Wert einer Sache nicht erkennen will, wird immer einen Weg finden, ihn herabzuwürdigen.

In einem berühmten Witz sieht ein Wiener Jesus übers Wasser gehen. Statt zu staunen, ruft er ihm zu: Wos is mit dir, Oida? Konnst net schwimmen, oda wos?

Tritt mir nicht zu nahe!

Werte und die daraus resultierenden Entscheidungen und Verhaltensweisen hängen immer eng mit unseren Gefühlen zusammen.

Eines sollte klargestellt werden: Werte sind keine Gefühle und nicht hinter jedem Gefühl steckt auch ein Wert. Gefühle können aber durchaus auf einen Wert hinweisen, der hinter einer Situation steckt – im positiven wie auch negativen Sinn.

Wie dies geschieht und wie sie uns voranbringen oder behindern, erklärt unter anderem die Dual Process Theory (Zwei-Prozess-Theorie) des US-amerikanischen Experimentalpsychologen Joshua D. Greene. Es handelt sich dabei um die aus der Neuroethik (= die Erforschung der hirnphysiologischen Grundlagen der Moral) abgeleitete Annahme, dass moralische Urteile im Gehirn auf zwei Wegen zustande kommen: kognitiv gesteuert und emotional automatisch.

Ob Sie das also wollen oder nicht, auch Sie haben Gefühle. Genauso wie ich. Und sie spielen eine entscheidende Rolle in all Ihren Bewertungen. Denn genau so, wie gelebte Werte positive Gefühle mit sich bringen, entstehen negative Gefühle, wenn mein Wert verletzt, bedroht wird oder nicht gelebt werden kann.

Emotion erzeugt Reaktion

Der US-amerikanische Anthropologe und Psychologe Paul Ekman (geb. 1934) erforschte (ursprünglich sechs) sieben Grundemotionen, die wir mit unserer Mimik ausdrücken und kulturell universell und angeboren sind. Sie gehören somit nicht zum erlernten Sozialverhalten (siehe dazu Sigrid Tschiedl: KörpersprachlICH, Wirkung ohne Worte, Kapitel 1) und werden weltweit verstanden. Unverfälscht erleben wir sie meistens in kurzen Erstreaktionen, bevor wir uns wieder unserem sozialen Kontext anpassen.

Zu den Grundemotionen gehören Freude, Überraschung, Wut, Angst, Trauer, Ekel und Verachtung (die letzten beiden wurden ursprünglich nicht getrennt betrachtet).

Freude

Überraschung

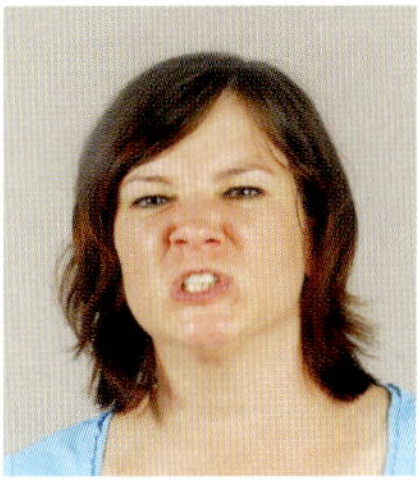
Wut

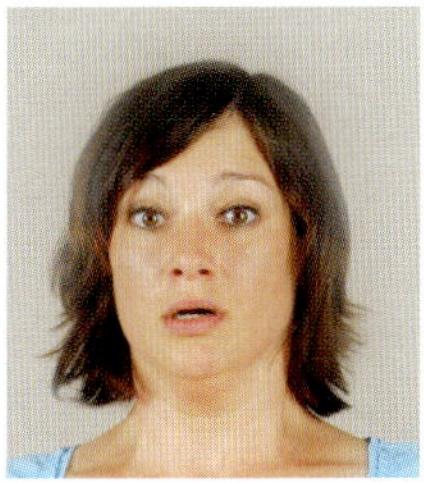
Angst

Die Vielfalt an Ausdrucksmöglichkeiten, die sich aus dieser Basismimik ergibt, ist schier unerschöpflich. Kleine Abweichungen lassen aus Freude Zufriedenheit oder aus Angst Unbehagen werden.

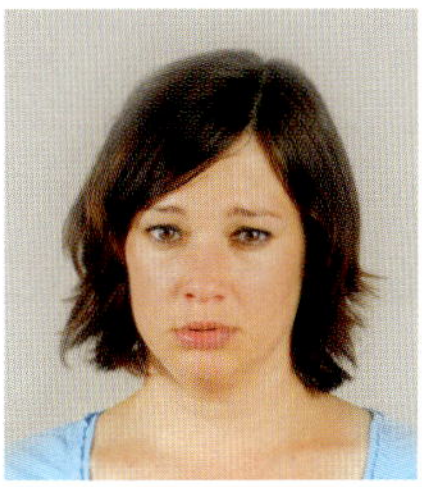
Trauer

Ekel

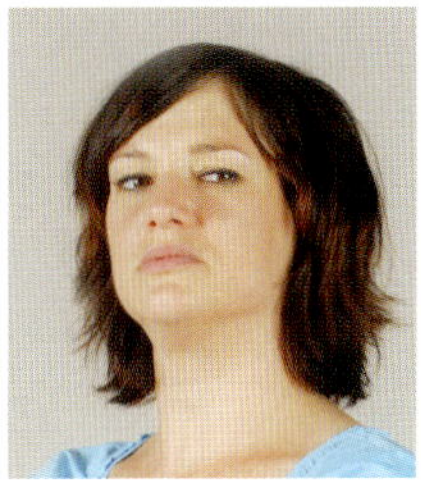
Verachtung

Wenn wir Gefühle in körpersprachliche Signale übersetzen, dann entsteht zumeist eine klare erste Reaktion in Mimik, Haltung, Gestik und Distanz.

Positive Reaktionen: Sie treffen auf ähnliche, gemeinsame, für Sie anziehende Werte?

Es entstehen ...

- Freude: z.B. Lächeln, Zuwendung, offene Gestik, Nähe,
- positive Überraschung: z.B. offene Mimik (hochgezogene Augenbrauen), Lächeln, aufrechte Haltung.

Negative Reaktionen: Ihre Werte werden attackiert, gehemmt oder zurückgewiesen?

Es entstehen ...

- Angst: Flucht – z.B. zurückweichen, schützende Abwehrgesten, Abstand gewinnen,
- Wut: Angriff – z.B. zurückdrängen, aktiv Distanz schaffen, Drohgesten,
- Trauer: Starre – z.B. wenig Bewegung, kein Blickkontakt, Arme am Körper, angehaltener Atem.

Achtung:
Vermutlich evolutionstechnisch logisch, aber dennoch nicht ausgeglichen stehen also viereinhalb negative Grundgefühle nur eineinhalb positiven gegenüber (sofern man „Überraschung“ sowohl positiv als auch negativ interpretieren möchte). Es bedarf also einiger Anstrengung, sich der Überzahl an emotionaler Negativität im Leben entgegenzusetzen. Auch wenn ich überzeugt davon bin, dass es sich letztendlich mehr als lohnt. ☺

ÜBUNG

Was passiert, wenn mir und meinen Werten jemand „zu nahe tritt“? Wie fühlt es sich an? Wie reagiere ich intuitiv? Das können Sie mit dieser Übung hautnah erleben.

Probieren Sie es aus!

Bitte suchen Sie sich eine/n Übungspartner/in (z.B. eine/n Kollegen/in oder Bekannte/n). Stellen Sie sich nun einander gegenüber im Abstand „eines Händeschüttelns“ auf. Nun entscheiden Sie, wer in dieser Übung A der/die „Angreifer/in“ und wer B der/die „Bedrohte“ ist. Keine Sorge, Sie können später die Rollen tauschen.

Nun tritt A mit einem großen Schritt selbstbewusst an B heran und bleibt knapp vor ihm/ihr frontal stehen. B soll stehen bleiben.

Beobachten Sie beide Ihre (inneren) Reaktionen.

Als A: Wie gut halten Sie es aus, in die Intimzone von jemandem einzudringen? Ihm/ihr zu nahe zu treten? Was ist Ihr erster Impuls?

Als B: Wie fühlt es sich für Sie an, wenn jemand Ihre persönliche Grenze ungefragt überschreitet? Selbst wenn Sie darauf vorbereitet sind? Was ist Ihre erste Reaktion?

Die Amygdala im Stammhirn steuert Nähe und Gefahrempfinden automatisch. Wenn uns jemand körperlich zu nahe tritt, aber ebenso im übertragenen Sinne, wenn unsere Werte mit Worten angegriffen werden oder wir uns sonst wie provoziert fühlen, reagiert der Körper auf die gleiche Weise.

Achtung Wertebedrohung! Angriff, Flucht oder Starre?
Wie reagieren Sie?

Auch Ekel spielt in unseren Bewertungen eine besondere Rolle, nämlich immer dann, wenn wir ein Verhalten oder den Ausdruck einer inneren Überzeugung besonders ablehnen. Der „nützliche Widerwille" hat sich im Lauf der Evolution auf die Regeln der Gemeinschaft übertragen. Unrecht, Betrug, Mord ekeln uns an – und aufgrund der gemeinsamen neuronalen Ausstattung fühlt sich das für alle Menschen wohl auch ähnlich an (siehe Grundemotionen nach Ekman).

Oft basiert unser Ekel jedoch weniger auf Werten, vielmehr geht es um kulturelle Sitten oder Gewohnheiten.

In Korea werden beispielsweise Hunde gegessen. Die Mehrheit der Amerikaner befürwortet die Todesstrafe. Unter den Etoro (oder Edolo), einem Naturvolk auf Papua-Neuguinea, ist es üblich, dass Jungen, um in die Gemeinschaft der Erwachsenen aufgenommen zu werden, ältere Männer oral befriedigen.

Bewertungsprobleme

Tja, unsere Werte bestimmen also nicht nur, ob wir etwas tun oder nicht tun, sondern auch, ob wir etwas gut oder schlecht finden. Das kann oft sehr emotional werden. Aber meistens nicht einfach. Oft geraten wir in eine moralische Zwickmühle. Und dann ist das innere Team wieder in Aufruhr (siehe Kapitel 2, „inneres Team"). Und oft gibt es keine moralisch „saubere" Lösung, die all unseren Werten gerecht wird. Und dann stellt sich jedes Mal die Frage: Wie hoch sind die ethischen Kosten meiner Entscheidung? Welcher meiner Werte setzt sich durch oder wird vorgereiht? Und wieder stellt sich die Frage: Was ist richtig „für mich"?

ÜBUNG

Richtig – falsch – Dilemma

Versuchen Sie in dieser Übung schnell und intuitiv zu entscheiden. Finden Sie die folgenden Aussagen richtig, falsch oder bringen sie Sie in die Werte-Zwickmühle?

Kannibalismus ist verwerflich.	O richtig	O falsch	O Dilemma
Sex vor der Ehe macht eine Frau für einen Mann weniger begehrenswert.	O richtig	O falsch	O Dilemma
Schwarzfahren ist ein Kavaliersdelikt.	O richtig	O falsch	O Dilemma
Es ist okay, einen Freund zu belügen, um ihn vor sich selbst zu schützen.	O richtig	O falsch	O Dilemma
Jede Frau sollte ein ungeborenes, schwer behindertes Kind abtreiben dürfen.	O richtig	O falsch	O Dilemma
Wer Waffen in den Irak liefert, macht sich am Krieg mitschuldig.	O richtig	O falsch	O Dilemma

Homosexuelle sollten nicht heiraten dürfen.	○ richtig	○ falsch	○ Dilemma
Sterbehilfe ist Mord.	○ richtig	○ falsch	○ Dilemma

Ist das noch normal? Was kann ich mit meinen Wertvorstellungen und meiner Ethik noch vereinbaren, was nicht?

Tipp:
Sie können sich nicht entscheiden? Sie befinden sich im Werte-Dilemma? Oft hilft tatsächlich am besten ein klarer Schritt zurück – um Distanz zu gewinnen. Vom Druck, von belastenden Emotionen wie Angst oder Wut. Das meine ich wörtlich. Wenn es gerade nicht weitergeht, kann ein wenig Abstand enorm hilfreich sein – örtlich, zeitlich, thematisch. Abstand zwischen sich und das Problem bringen. Distanz zum Kommunikationspartner herstellen. Die „Pause-Taste“ drücken. Um Klarheit zu gewinnen, emotional ruhiger zu werden, eine neue Sicht oder andere Perspektiven zu entwickeln. Um sich schließlich vielleicht über einen anderen Weg aus einer anderen Richtung dem Menschen oder der Sache wieder zuwenden und annähern zu können.

Nicht Gut und Böse selbst sind im Gehirn angelegt, sondern unsere Fähigkeit, sie zu empfinden. Der Mensch ist zur Moral geboren – nur nicht zu einer bestimmten.

Wertentwicklung – Das glaub ich ... nicht!

Woher kommt eigentlich das Wertekonstrukt, das wir oft so vehement verteidigen? Entgegen der weitverbreiteten Meinung, dass man Werte einfach „hat“, sind sie nicht angeboren. Sie sind erlernt (abgesehen von einigen Werten, die sich auch unter den Grundbedürfnissen finden, wie z.B. Sicherheit, Anerkennung usw.; siehe Kapitel 2 und 6). Unsere Kultur und wichtige Bezugspersonen bestimmen unsere Wert- und Moralvorstellungen entscheidend mit. Wir leben bewusst mit den und für die Werte/n und Normen, die uns als wichtig und vor allem richtig beigebracht werden – von Anfang an. Von Eltern, der Familie, Lehrern, Freunden, Partnern, gesellschaftlichen Vorbildern. Je früher im Leben und je intensiver die Beziehung, desto prägender (siehe Kapitel 6, Ronald Inglehart). So entwickeln wir unbemerkt jene *Glaubenssätze* (auch Überzeugung oder Belief), die unser Denken und Handeln irgendwann unterbewusst anleiten. Es formt sich in jedem/r Einzelnen sein/ihr individuelles Welt- und Menschenbild, die ganz persönliche Ethik.

Was ist ein Glaubenssatz?

Ein Glaubenssatz ist eine Verallgemeinerung über

- Zusammenhänge/Ursachen (z.B.: Das liegt bei uns in der Familie.)
- Bedeutung/Zuschreibung (z.B.: Verschränkte Arme bedeuten Ablehnung.)
- Grenzen (z.B.: Ich bin zu jung/zu alt dafür.)

Unsere Glaubenssätze bilden unsere persönliche Wahrheit und Wirklichkeit. Durch sie erklären und „bewerten“ wir die Welt und Menschen um uns herum.

Wir reglementieren damit unsere Vorstellungen von „richtigem“ oder „falschem“ Verhalten. Sie bestimmen, wie wir uns selbst definieren und limitieren, was wir für „möglich“ bzw. „unmöglich“ halten.

Beispiele für Glaubenssätze:

- Frauen sind sensibler als Männer.
- Ich kann nicht tanzen.
- Unfreundlichkeit ist typisch für Chinesen.

Im Volksmund finden sich alle möglichen Glaubenssätze, mit denen wir uns oder anderen schnell und einfach die Welt erklären wollen, sogenannte Sprichwörter. Ähnlich wie Mottos fassen sie knapp und allgemein zusammen, wie jemand die Dinge sieht und welche Lebensregel sich daraus allgemein ableiten lässt. Im Gegensatz zu Mottos sind sie aber statt positiv antreibend meistens warnend oder belehrend.

Wer hat nicht schon gut gemeinte Kommentare und Ratschläge gehört wie: Was Hänschen nicht lernt, lernt Hans nimmermehr. Hochmut kommt vor dem Fall. Auch ein blindes Huhn findet mal ein Korn. Übrigens, Ratschläge sind auch Schläge ...

Die meisten Glaubenssätze wirken unbewusst in uns. Möchte man sie verändern, ist das zumeist nur dann möglich, wenn sie nicht in Widerspruch zu unseren intrinsischen* Motivationen stehen. Sich selbst und die eigenen Fähigkeiten weiterzuentwickeln, ist also nur im Einklang mit den eigenen Werten möglich.

*Als *intrinsische Motivation* wird die innere Motivation eines Menschen bezeichnet, die aus sich selbst heraus entsteht und unabhängig von Belohnung und anderen äußeren Faktoren ist. Ist ein Handeln intrinsisch motiviert, wird es um seiner selbst willen vollzogen. Freude und Spaß an der Arbeit, Kreativität um der Kreativität willen, sich einer Tätigkeit oder Sache hingebungsvoll widmen, ohne konkretes Ziel. Wenn der Wert also von innen nach außen strahlt (deshalb heißt meine Firma übrigens „insideOut communication" ☺).

ÜBUNG

Ganz oder gar nicht meine Meinung!

Wie sehr uns unsere Glaubenssätze beeinflussen, erkennen wir vor allem dann, wenn sie uns innere Grenzen setzen. Bitte lesen Sie die auf der folgenden Seite angeführten Sprichwörter und Mottos (linke Spalte). Versuchen Sie diese mit den dazugehörenden Glaubenssätzen zu verbinden, die in der rechten Spalte stehen und zugeordnet werden sollen (z.B. mit verbindenden Linien oder gleichen Ziffern). Welche davon entsprechen Ihren eigenen Vorstellungen und Lebensregeln? Mit welchen davon sind Sie selbst zufrieden, welche würden Sie gerne ändern? Wo spüren Sie innere Widerstände?

◯ Die Katze lässt das Mausen nicht.	◯ Man muss sich gegenseitig helfen.
◯ Eine Hand wäscht die andere.	◯ Die Familie geht vor.
◯ Die Zeit heilt alle Wunden.	◯ Feste Gewohnheiten lassen sich nicht ändern.
◯ Blut ist dicker als Wasser.	◯ Du wirst anhand deines Äußeren von anderen eingeschätzt und bewertet.
◯ Man soll den Tag nicht vor dem Abend loben.	◯ Dem äußeren Schein ist nicht zu trauen.
◯ Morgenstund' hat Gold im Mund.	◯ Offensives Verhalten führt eher zu erfolgreicher Abwehr als Defensives.
◯ Lieber den Spatz in der Hand als die Taube auf dem Dach.	◯ Jeder ist selbst verantwortlich für das, was ihm im Leben widerfährt.
◯ Angriff ist die beste Verteidigung.	◯ Jeder Schmerz geht irgendwann vorüber.
◯ Undank ist der Welten Lohn.	◯ Du solltest dir einer Sache nicht zu sicher sein, auch wenn die Aussichten gut sind.
◯ Es ist nicht alles Gold, was glänzt.	◯ Frühes Aufstehen lohnt sich. Man erreicht dadurch mehr.
◯ Du wirst ernten, was du gesät hast.	◯ Man darf sich nichts von anderen erwarten.
◯ Kleider machen Leute.	◯ Sei zufrieden mit dem, was du sicher hast und strebe nicht nach Unerreichbarem.

Kann ich wirklich nicht aus meiner Haut heraus?

An dieser Stelle möchte ich noch einmal auf meine liebe Omi verweisen, die – wie erwähnt – für jede Lebenslage den passenden Spruch parat hatte. Und damit natürlich immer recht behielt. Für den Moment beruhigend war das allemal, bei der Weiterentwicklung hat es aber weder ihr noch mir je geholfen. Denn kommunikationstechnisch sagen alle Glaubenssätze und Sprüche im Kern: „So ist es und nicht anders." Sie fassen allgemein zusammen, sie bestätigen nur das, wovon ich ohnehin schon längst überzeugt bin. Unterschlagen uns aber den Weg dahin. Und all die anderen möglichen Perspektiven.

Das hingegen tun wertvolle Geschichten, Parabeln, Vergleiche und Metaphern. Sie können ebenso inspirierend, lehrreich und unterhaltsam sein wie ein knackiger Spruch. Zusätzlich bieten sie jedoch mehr Nachvollziehbarkeit. Außerdem geben sie uns darüber hinaus Gelegenheit, selbst zu entscheiden, ob und wie ihre Aussage zu unserem Leben und unseren Werten passt und welche Schlüsse und Möglichkeiten wir darin für uns selbst erkennen können.

Falls Sie also auf der Suche nach einem weniger verallgemeinernden und dennoch wirkungsvollen Kommunikationsweg zum Ausdruck Ihrer Glaubenssätze und damit Werte sind, möchte ich Ihnen – besonders wenn es um Entscheidungen und Weiterentwicklung geht – bildreiche Geschichten aller Art hiermit noch einmal wärmstens ans Herz legen.

Jeder auf seine Art

Eine junge Schwalbe, die erst vor kurzem aus dem Nest geflogen war, sah im Wiesengrund eine Schar Ameisen geschäftig umhereilen. „Was tut ihr da?", fragte sie. „Warum eilt ihr immer hin und her?"

„Wir sammeln Vorräte“, antworteten die Ameisen.

„Vorräte? Wozu?“, wollte die junge Schwalbe wissen.

„Für den bitterkalten Winter!“, sagten die Ameisen. „Damit wir, wenn Schnee auf den Wiesen liegt, genug Nahrung haben.“

„Die sind klug!“, dachte die junge Schwalbe. Und sie fing an, tote Spinnen, Fliegen und Mücken ins Nest zu tragen.

„Was machst du da?“, fragte die Schwalbenmutter.

„Ich sammle Vorräte“, antwortete die junge Schwalbe. „Du solltest es auch tun, liebe Mutter. Nimm dir, wie ich, ein Beispiel an den Ameisen. Dann brauchen wir im bitterkalten Winter nicht Hunger zu leiden.“

„Ach du meine Güte!“, rief die Schwalbenmutter. „Lass die Ameisen ihre Vorräte sammeln! Für sie ist es das Rechte, sie bleiben hier, wenn der Winter kommt. Wir aber fliegen fort in den warmen Süden, wo immer die Sonne scheint und Mücken das ganze Jahr in der Luft tanzen. Jedes Geschöpf lebt nach seiner Art, mein liebes Kind. Was für den einen taugt, muss für den anderen nicht taugen. Was für den einen klug sein mag, ist für den anderen töricht.“

Gotthold Ephraim Lessing (1729–1781)
deutscher Schriftsteller der Aufklärung

Ameise oder Schwalbe? Welche Lebensweise entspricht Ihnen eher? Erkennen Sie die dahinterliegenden Wertvorstellungen bzw. Zuschreibungen? Fleiß, Weitsicht, Effizienz vs. Vertrauen, Aktualität, Leichtigkeit.

Das System macht den Unterschied

In unserem Leben sind wir immer Teil von verschiedenen Beziehungssystemen (siehe Kapitel 1). Ausgerüstet mit unseren Werten, unseren Glaubenssätzen, Fähigkeiten und Verhaltensweisen sind wir darin wirksam unterwegs. In all unseren Rollen (siehe Kapitel 2). Bin ich Mutter, dann bin ich Teil des Familiensystems. Bin ich Freund, dann bin ich Teil des Freundschaftssystems und als Ehemann bin ich Teil des Ehesystems. In all diesen verschiedenen zwischenmenschlichen Systemen ist es wichtig zu wissen, worauf wir Wert legen und an welchen Werten wir uns orientieren.

Welche Position und Rolle habe ich im System inne?

Veränderung ist möglich – mit System!

Wenn es um die Wirkung von Werten in Systemen geht und die Tücken, die sich daraus ergeben können, muss ein Experte vorgestellt werden, den ich besonders schätze. Er weiß, wie alles zusammenhängt, wie bedeutsam ein gemeinsames Leitbild und das aktive Leben von Werten miteinander sind.

DLSB Thomas Klammer ist Coach, Trainer und Systemiker mit Herz und Verstand.

Er ist Spezialist für Werte mit einem ganz besonderen Weitblick für integralen Erfolg. Intuition ist für ihn genauso wichtig wie ein fundiertes Basiswissen.

Thomas Klammer berät Klienten und Unternehmen dabei, Leitbilder nach ihren Werten zu entwickeln und diesen Entfaltungsmöglichkeiten zu geben. Einiges von seinem wertvollen Wissen über systemisches Coaching ist in dieses Buch eingeflossen. Z.B. darüber, wie man Werten Wirkung verschafft und was sie in Systemen bewirken können.

ÜBUNG

Das tut (nicht) gut

Je besser wir uns selbst und unsere Werte in Systemen kennen, desto bewusster können wir unser Wirken gestalten. Unsere Verhaltensweisen sind entscheidend, ob ich einem Wert Kraft gebe und ihm Geltung verschaffe oder ob ich einen Wert verletze – mir selbst und anderen gegenüber. Machen Sie sich kurz Gedanken darüber.

Nehmen wir zum Beispiel an, in der Beziehung zu Ihren Geschwistern ist Ihnen Fairness besonders wichtig. Sie unterstützen aktiv diesen Wert dadurch, dass Sie mit Ihrem Bruder oder Ihrer Schwester teilen, darauf achten, dass Sie die gleiche Zuwendung der Eltern bekommen etc. Wenn Sie jedoch selbst auf Ihren Vorteil bedacht sind und sich z.B. heimlich das größere Stück vom Kuchen nehmen oder mehr Zuwendung und Aufmerksamkeit der Eltern beanspruchen, schaden Sie der selbst gewünschten Fairness.

Jetzt Sie:

WERTE IM PAARBEZIEHUNGSSYSTEM:

Welcher Wert ist mir wichtig?	______________________________
Diesen Wert beachte ich und gebe ihm Geltung, wenn ich	______________________________
Diesen Wert missachte und verletze ich, wenn ich	______________________________

WERTE IM VATER-/MUTTER-KIND-SYSTEM

Welcher Wert ist mir wichtig?	______________________________
Diesen Wert beachte ich und gebe ihm Geltung, wenn ich	______________________________
Diesen Wert missachte und verletze ich, wenn ich	______________________________

FREUNDE

Welcher Wert ist mir wichtig?	_____________________________
Diesen Wert beachte ich und gebe ihm Geltung, wenn ich	_____________________________
Diesen Wert missachte und verletze ich, wenn ich	_____________________________

Weitere Systeme:

FAMILIENSYSTEM

TEAM/ARBEITSKOLLEGEN

GESELLSCHAFT

Wenn Sie diesen Teil ausgearbeitet haben, überlegen Sie sich noch einmal genau, welche Beziehungswerte Ihnen besonders wichtig sind und welche davon Sie wirklich bewusst leben bzw. bei welchen noch jede Menge Handlungsspielraum besteht. Sie bemerken, da ist noch Luft nach oben? Dann werden Sie jetzt aktiv und bringen Sie mehr Wert in Ihr System!

Wenn Werte keine Beachtung finden oder sogar verletzt werden, dann entsteht schnell ein Problem im System.

Aus seiner Beratungstätigkeit stammt folgende Geschichte von Thomas Klammer:

Hotel „Bergauf“/Hotel „Bergab“

Ich kenne diese beiden Hotels gut. Sie heißen nicht so, aber ich bezeichne sie so und hier werde ich Ihnen kurz erklären, warum dies so ist.

Beide stehen auf einem wunderbaren Fleck in Tirols Bergen und ich glaube, für einen Winterurlaub kann man kaum eine schönere Location finden. Beide Hotels befinden sich auf 2100 m Seehöhe und sind nur wenige Meter voneinander entfernt. Direkt vom Haus auf die Skipiste. Nicht am Lift anstehen, sondern Ski anziehen und losfahren. Besser geht es für einen Winterurlauber und begeisterten Skifahrer wohl kaum. Der Ausblick da oben ist einfach nur phantastisch und der Schnee fast immer perfekt.

Das Rundherum und die Hardware passen einfach perfekt.

Beide Hotels hatten jedoch intern viele Probleme. Erstens war es schwer, für die Wintersaison Personal zu finden, welches auch gute Qualifikationen vorwies, und die Fluktuation während der Saison war sehr groß. Interne Konflikte der Mitarbeiter waren an der Tagesordnung und immer wieder stießen die beiden Eigentümer an ihre mentalen Grenzen. Einer von ihnen dachte sogar darüber nach, alles zu verkaufen.

Im Jahr 2015 entschied sich dann eines der beiden Hotels dazu, einen Leitbildprozess zu machen und stimmte auch einer systemischen Diagnose zu. Wir begannen miteinander zu arbeiten.

Bei der Ausarbeitung wurden besondere Aufmerksamkeit und eine genaue Sicht auf gelebte und nicht gelebte Werte gelegt. Nachdem Vision, Mission, Sinn und Zweck der Hotels und Grundwerte ausgearbeitet waren, wurden diese Kernprinzipien noch einmal zerlegt und untergliedert in verschiedene Bereiche mit verschiedenen Werten und wo diese eingesetzt werden. Alle Mitarbeiterinnen und Mitarbeiter waren in den Prozess mit eingebunden.

Als Grundwerte wurden die systemischen Kernprinzipien wie Ordnung, Zugehörigkeit und Achtsamkeit definiert und alle drei Kernwerte nochmals unterteilt.

Zusätzlich wurde erarbeitet, wie im Unternehmen vor allem die Umsetzung aussehen sollte und welche Ziele es braucht, um ins richtige, bewusste Handeln zu kommen.

Als einer der Werte unter der Kategorie Ordnung wurde Qualität definiert.

Als nächstes wurde erarbeitet, was Qualität bedeutet und wie sie sich umsetzen lässt. Dabei wurden stets auch die wirtschaftlichen Aspekte berücksichtigt und Chancen und Möglichkeiten mit einbezogen.

Ein Punkt bei der Umsetzung der Qualität war, mehr auf regionale Produkte Wert zu legen und synergetisch mit den Lieferanten zu arbeiten. Der Bauer, der heute einen Teil der Fleischprodukte für das Hotel liefert, nimmt im Gegenzug alle Bioabfälle entgegen und verwendet sie zur Fütterung seiner Schweine.

Um das Betriebszugehörigkeitsgefühl von jedem Mitarbeiter zu fördern, bekommt jedes neue Teammitglied für zwei Wochen einen Mentor – jemanden vom Stammpersonal – zur Verfügung gestellt. Der Mentor ist dafür zuständig, den neuen Mitarbeiter in die Unternehmenskultur einzuführen.

Die ausgearbeiteten Werte und daraus entstandenen Ziele dienen seither als Orientierungshilfe. In diesem Hotel findet ohne die Berücksichtigung der Werte keine Personaleinstellung mehr statt.

Heute, fünf Jahre später, hat das Hotel mit dem Personal keine Probleme mehr. Die Leute arbeiten gerne dort und allfällig auftretende Konflikte werden auf einer ganz anderen Ebene gelöst. Die Mitarbeiterfluktuation ist um 80 % zurückgegangen und die Abteilungsleiter wissen, wie Führung mit Werten funktioniert. Der Umsatz hat sich um ca. 20% gesteigert.

Werte schaffen eben Werte!

Beim Hotel Bergab ist alles beim Alten geblieben. Also auf ins Hotel „Bergauf“!

Neben einem systemischen Leitbild-Prozess gibt es auch noch andere Möglichkeiten, dem eigenen Leben mehr Qualität und Sinn durch Werte zu verleihen.

Akzeptanz- und Commitment-Therapie

(ACT – als ganzes Wort gesprochen)

ACT wurde in den letzten 20 Jahren maßgeblich von dem US-amerikanischen Psychologen Steven C. Hayes (geb. 1948) entwickelt und ist ein neuartiger Behandlungsansatz, der zur sogenannten dritten Welle der Verhaltenstherapie gerechnet wird. Es stehen Fragen nach Werten und Sinn im Leben im Fokus.

In der ACT werden sowohl Akzeptanz- und Achtsamkeitsstrategien als auch Strategien der Verhaltensänderung und des engagierten Handelns eingesetzt. Hierzu kommen unterschiedliche Techniken zum Einsatz.

Das übergeordnete Ziel besteht darin, die psychische Flexibilität zu erhöhen, die für ein wertorientiertes Leben unter ständig wechselnden inneren und äußeren Lebensbedingungen erforderlich ist.

Psychische Flexibilität bedeutet, dass eine Person in vollem Kontakt mit dem gegenwärtigen Moment und dem, was die aktuelle Situation und die selbstgesetzten Ziele erfordern, ihr Verhalten ändern oder beharrlich beibehalten kann.

Nach einer ausführlichen Klärung von Werten und Lebenszielen werden konkrete Handlungsabsichten (commitments) abgeleitet.

ACT arbeitet dabei nicht in erster Linie mit dem Ziel, Symptome zu reduzieren, sondern verfolgt das Ziel, zu einem lebenswerteren und erfüllteren Leben zu finden. Es gibt eine Vielzahl an wissenschaftlichen Studien, die die Wirksamkeit von ACT belegen.

Diese Therapieform wird insbesondere bei der Behandlung von Angststörungen, Essstörungen, posttraumatischem Stress, chronischen Schmerzen oder Burnout eingesetzt.

Bei der ACT kommen sechs Prinzipien als Facetten eines ganzheitlichen Behandlungsansatzes zum Einsatz:

- **Akzeptanz**

  Zu dieser Haltung gehört auch die Annahme, dass das Leben in manchen Aspekten schmerzhaft sein kann. In der ACT wird zwischen Leid und Schmerz unterschieden. Leid fügen wir uns oft selbst zu, indem wir unseren Schmerz in einer bestimmten Weise bewerten, z.B. durch die Bewertung „Wieso immer ich?!". Dies gilt es zu verändern und das Leid zu verringern. Das heißt nicht, zu resignieren, sondern vielmehr damit aufzuhören, gegen etwas anzukämpfen, was man gerade nicht ändern kann. („So ist es eben im Moment.") Dadurch werden oft neue Energien frei.

- **Achtsamkeit**

  Achtsamkeit hilft uns, mit dem gegenwärtigen Augenblick in Kontakt zu sein. Zu entdecken, was das Hier und Jetzt zu bieten hat, ohne uns in unseren Gedanken zu verstricken, was war oder sein wird (siehe auch Präsenz, Kapitel 3).

- **Entlarvung des Verstandes** (kognitive Defusion)

  In der Philosophie der ACT geht man davon aus, dass es nicht darum geht, negative Gedanken nicht zu denken, sondern Abstand zu den negativen Gedanken zu bekommen und damit deren Macht zu untergraben. Durch die Haltung, dass Gedanken nur Gedanken sind und nicht die Wirklichkeit abbilden, entsteht mehr Freiraum.

- **Selbst als Kontext, Beobachter-Selbst**

  Eine besondere Klasse von Gedanken und Überzeugungen sind jene, die sich auf uns selbst beziehen, unser Selbstbild. Annahmen über uns selbst, wie: „Das kann ich nicht; das habe ich noch nie gekonnt", „Dafür bin ich nicht der Typ", „So bin ich nun mal", können ebenfalls zur Erstarrung unseres Verhaltens und der persönlichen Entwicklung beitragen. Dem begegnet ACT mit speziellen Techniken und Übungen, die es Patienten ermöglichen, sich von solchen Selbstbildannahmen zu lösen, ohne sie verändern zu müssen. Das eröffnet neuen Freiraum für die eigene Verhaltensentwicklung.

- **Werteklarheit**

  ACT unterstützt den Menschen bei der Frage, was ist mir wirklich wichtig im Leben, wie will ich leben. Oft fragen wir uns, welche Ziele wir im Leben haben, was zweifelsohne wichtig ist. Es gibt allerdings Lebenskonstellationen, die einen an Zielen scheitern lassen, und deshalb ist es sinnvoller, sich zu fragen, welche Werte hinter meinen Zielen liegen. So ist ein Wert wie ein Fixpunkt am Horizont, an welchem man sich immer wieder, gerade in schwierigen Zeiten, orientieren kann.

- **Engagement (Commitment)**

  Hierbei geht es um ein engagiertes selbstverpflichtetes Handeln. Bin ich bereit, mein Vermeidungsverhalten zu verändern, Unbequemes auszuprobieren, Ängste auszuhalten, um mehr dorthin zu kommen, wie ich eigentlich leben will?

Haben Sie jetzt genug von Problemen?

Dann raus aus dem Widerstand und rein in die Wertschätzung.

Thomas Klammer (www.startundziel.at) unterstützt Sie bei der Navigation auf Ihrer Lebens- und Unternehmensreise.

Sein Motto: Wenn Zweifel kommen, sag einfach „Hallo."

KAPITEL 5

Schätzens-Wert

Drei Wege zur Auflösung innerer und äußerer Wertewiderstände

Einer meiner wichtigsten persönlichen Werte ist Verantwortung. Ich übernehme sie gerne. Für andere, besonders aber auch für mich selbst und das, was ich tue oder erreichen möchte. Ich bin nämlich davon überzeugt, dass wir es selbst sehr wohl in der Hand haben, wie wir unser Leben und unsere Sicht auf Menschen und die Welt gestalten. Durch Selbstreflexion, Entscheidungen und Aktivität. Ich setze nun also in diesem Buch bei Ihrem „Commitment“ (=Engagement) an und möchte Sie von der „Berechtigung“ zur „Bepflichtigung“ und damit zu mehr Gestaltungsfreiheit einladen.

Seien Sie der Wert, den Sie sich für die Welt wünschen.

Wenn Sie sich fragen, was Sie jetzt und sofort tun können, um mit Wertekonflikten und -widerständen in der inneren und äußeren Kommunikation umzugehen, dann möchte ich Ihnen hiermit drei sehr wirkungsvolle, unmittelbare Möglichkeiten bzw. Werkzeuge präsentieren:

- Gemeinsamkeit suchen – Trägerwerte finden
- Verbinder aktivieren – „Jokerwerte“ einsetzen
- Augenhöhe herstellen – Wertschätzung teilen

Gemeinsam sind wir wert!

Meistens springen sie uns sofort ins Auge – die Unterschiede. Die Gegensätze. Die Verschiedenheiten. Und sie ziehen sofort einen unsichtbaren Graben zwischen uns und den anderen. Den es dann wieder zu überwinden gilt. Klingt mühsam, ist es auch.

Wie wäre es denn, gleich den Fokus auf gemeinsame und verbindende Werte zu legen, anstatt auf das, was uns trennt?

Wenn wir unseren Blick darauf richten, werden schnell innere und äußere Hürden abgebaut und nichts steht uns mehr im Wege.

Wie das geht? Stellen Sie die richtigen Fragen!

- Welche Werte haben wir beide gemeinsam?
- Auf welche Weise drücken sich diese Werthaltungen aus?
- Welche deiner Wertvorstellungen finde ich toll, auch wenn ich sie selbst nicht lebe?
- Wo decken sich unsere Meinungen über verschiedene Rollen und Systeme (z.B. Gesellschaft, Umwelt, Familie etc.)?
- Welche Glaubenssätze teilen wir?
- Welche positiven Motivationen erkenne ich in deinem Verhalten?

Gemeinsamkeiten verbinden

Sie werden feststellen, Sie haben mehr gemeinsam, als Sie denken. Besonders mit den Menschen, die Ihnen auf den ersten Blick vielleicht eher unsympathisch erscheinen. Diese spiegeln oft einen Teil unserer eigenen Persönlichkeit wider, mit der wir selbst noch nicht so ganz klarkommen ...

„All that we share" ist ein Video, das mich sehr beeindruckt hat. Es zeigt, wie leicht sich hinter das Offensichtliche blicken und das Gemeinsame erkennen lässt und wie verbindend es sein kann, es zu tun.

https://www.youtube.com/watch?v=i1AjvFjVXUg

Abneigung umsonst

„Freunde/innen kann man sich aussuchen, Kollegen/innen nicht." Ich denke jeder weiß, wie schwierig es sein kann, mit jemandem klar kommen zu müssen, den man nicht besonders sympathisch findet. Zum Beispiel bei der Arbeit. Oft beruht diese Abneigung ganz auf Gegenseitigkeit. Und dann?

Sie hieß Anette Kogler (Name geändert), war Mitte 40, klein, zart und Chorsängerin. Ich war Anfang 20 und die neue Regieassistentin an der Oper. Zur ersten gemeinsamen Probe tauchte ich natürlich pünktlich auf, motiviert, nervös, unsicher, freundlich, vorbereitet. Nachdem es mir immer schon ein Anliegen war, mit anderen wertschätzend umzugehen, hatte ich mir vor der Probe mit dem Chor sogar die Namen jedes einzelnen Chormitgliedes eingeprägt und begrüßte jede/n persönlich. Denn auch ein Chor besteht aus einzelnen Sängerinnen und Sängern. Und jede/r möchte verständlicherweise individuell behandelt und angesprochen werden. Ich wurde freundlich vom gesamten Ensemble empfangen. Nun ja, nicht vom gesamten Ensemble. Frau Kogler erwiderte meine Begrüßung und mein Lächeln nicht. Etwas abseits stehend, wortkarg und mit abweisendem Gesichtsausdruck schien sie von Anfang an nicht von mir begeistert zu sein. Ich bat Frau Kogler, sich für die Szene auf eine bestimmte Bühnenposition zu begeben, und bekam zur Antwort: „Da stell ich mich sicher nicht hin!" – und das vor dem gesamten restlichen Bühnenteam. Eine klare Ansage, mit einem sehr klaren Subtext unterlegt: „Ich mag dich nicht!"

„Das macht sie immer so, wenn eine neue Assistentin kommt", bekam ich von einigen ihrer Chorkolleginnen und -kollegen hinter der Bühne zugeflüstert. „Mach dir nichts draus, du bist eben jünger und hübscher als sie", sagten sie. „Das ist unmöglich, wie sich die benimmt." „Die Kogler spinnt, die glaubt, sie ist was Besseres." „Sie ist einfach nur frustriert und eifersüchtig", versuchten sie mich zu beruhigen. „Sie mag keinen und sie mag auch keiner." Es schien, als wäre ich nicht die einzige, die von Frau Kogler nicht besonders gemocht wurde. Mit so viel Rückendeckung wäre es auch ganz einfach für mich gewesen, sie links liegen zu lassen und mich von ihr abzuwenden.

Allerdings liegt es mir nicht sonderlich, es mir einfach zu machen ...

Ich entschied mich also anders. Immerhin war Frau Kogler, abgesehen von ihrer unfreundlichen Art, sehr professionell. Sie erschien immer pünktlich und gut vorbereitet zu den Proben. Sie schwatzte nicht, war konzentriert und aufmerksam. Sie spielte und sang ihren Part immer verlässlich, so unfreundlich sie mir gegenüber auch auftreten mochte. Ich begegnete ihr dennoch stets freundlich, mit etwas Abstand und Respekt. Auch wenn ich nie positive Resonanz bekam, mein Lächeln ihr gegenüber wollte ich mir nicht nehmen lassen. Ja, so stur kann ich manchmal sein. ☺

Eines Abends saß ich neben der Bühne mit meinem Klavierauszug und begleitete die Vorstellung als diensthabende Abendspielleiterin. Ich liebte es, im Dunkeln dem wunderbaren Klang des Orchesters zu lauschen, den Sängerinnen und Sängern sowie

Darstellerinnen und Darstellern auf der Bühne zuzusehen, wie sie das Publikum mit ihrer Kunst verzaubern. Und ich durfte Teil dieses Erlebnisses sein, mit verantwortlich und gleichzeitig so dankbar, einen der wunderbarsten Berufe der Welt zu haben.

Das Orchester spielte „La Traviata“ von Giuseppe Verdi (1813–1901), 2. Akt, die Arie von Germont „Di Provenca il mar, il suol“, in der der Vater seinen Sohn Alfredo bittet, nach Hause zu kommen. Wir hatten einen wunderbaren Gastsänger mit einer fantastischen Stimme und wie immer bei dieser Arie musste ich weinen. Weil sie so schön ist, so traurig, so bewegend. Und da sah ich Frau Kogler stehen. Zwischen den Seitenvorhängen. Es war noch viel Zeit bis zum Chorauftritt im zweiten Akt-Finale. Sie stand da, mit geschlossenen Augen, und lauschte der Musik, ganz für sich. Und sie weinte. Warum, konnte ich nicht sagen. Sie bemerkte mich nicht. Aber plötzlich verstand ich etwas. Wir teilten zumindest eine Leidenschaft. Die für diese wundervolle Musik. Und ich dachte mir: Was weiß ich schon über diese Frau und warum sie so ist, wie sie ist? Aber ich weiß, dass wir beide auf der Seitenbühne stehen und zur Musik von Giuseppe Verdi heulen.

Danach fiel es mir noch leichter, freundlich zu Frau Kogler zu sein. Auch wenn sich ihrerseits nichts änderte.

Bis zum letzten Probentag. Ich hatte drei wunderbare Jahre an der Oper als Regieassistentin verbracht und ich verabschiedete mich schweren Herzens von meinem geliebten Chor. Als alle gegangen waren und ich gerade meine Sachen zusammenpackte, bemerkte ich, dass nur noch Frau Kogler im Probenraum war. Etwas unsicher kam sie auf mich zu. Dann umarmte sie mich und fing, zu meiner größten Überraschung, zu weinen an. Und sie sagte mir, dass ich die beste Assistentin sei, die sie jemals hatte. Dass sie wüsste, wie schwierig sie sei und dass ich dennoch immer nett und freundlich ihr gegenüber gewesen wäre. Dafür wolle sie sich bedanken. Sie drückte mir eine Packung Gummibärchen in die Hand und verabschiedete sich von mir – mit einem Lächeln.

ÜBUNG

Versuchen Sie bitte drei gemeinsame Werte zu finden.

Welche Werte teile ich mit ...

- dem Arbeitskollegen/der Arbeitskollegin, den/die ich am wenigsten mag
- meiner Mutter
- dem Parteichef jener Fraktion, die ich niemals wählen würde
- meinem Expartner/meiner Expartnerin
- dem/r Supermarktkassierer/in
- meinem Chef/meiner Chefin

Die Werte, die uns tragen – so klappt's auch mit den Feinden.

Was wir gemeinsam haben, trägt unser System. Es zieht andere an und verbindet uns auch dann, wenn Konflikte oder Unterschiede auftauchen. Diese „Trägerwerte" ermöglichen ein gemeinsames Vorwärtskommen, also Entwicklung für alle. Auch mit unseren Widersachern.

Der US-amerikanische Sozialforscher und Musiker Arthur C. Brooks (geb. 1964) beginnt sein Buch *Love Your Enemies* mit der Frage: Wie lässt sich die wachsende Kluft in unseren Gesellschaften überwinden? Wie können Linke mit Rechten, wie Nichtpopulisten mit Populisten gesittet diskutieren?

Seine zentrale These: Wir leben in einer Kultur der Verachtung. Sie ist ein toxisches Gefühl, anders als Ärger und Zorn. Wenn wir uns ärgern oder zornig sind, wollen wir das Verhalten des anderen verändern und „glauben, dass wir das können". Ärger ist kein Scheidungsgrund. Wenn aber „Sarkasmus, Grinsen und – das Schlimmste! – Augenrollen" sich häufen, ist das Ende der Ehe meist nah. Es sind die Symptome der Verachtung, nach Arthur Schopenhauer „die reine Überzeugung vom Unwert des anderen". Das führt zur Regel: Unterscheide Person und Rede. Auch wenn der andere Überzeugungen hat, die man selbst zutiefst ablehnt.

Wir retten nicht die Welt, wenn wir Gegnern mit Respekt begegnen, auch wenn es schwerfällt. Aber wir tun uns selbst etwas Gutes. Und im besten Fall auch dem anderen.

Weil ein Mensch immer so viel mehr ist als seine Herkunft und seine Überzeugungen. Brooks empfiehlt: Für Mitgefühl und Fairness seien fast alle, auch wenn Blickwinkel und Gewichtung sich unterscheiden.

Wir sollen das Gespräch suchen, aber auf geteilte Werte umleiten. Und über ungeteilte schweigen? Das kennen wir von Knigge und Elmayer: Politik und Religion sind tabu. So erspart sich der Autor, die roten Linien der Beleidigung und Unmenschlichkeit zu ziehen, durch die wir unsere Würde wahren. Und die rote Karte für jene, die nur pöbeln wollen.

Und wenn sich gar keine Gemeinsamkeit finden lässt, dann können wir uns immer noch darauf einigen, dass wir uns in einem bestimmten Punkt nicht einigen können; und trotzdem Freunde bleiben.

(Quelle: https://www.diepresse.com/5610023/so-klappt-es-auch-mit-den-feinden
So klappt es auch mit den Feinden
Die Presse Karl Gaulhofer 10.04.2019, letzter Zugriff 02.08.2020.)

Anmerkung:
Sie MÜSSEN natürlich keineswegs IMMER Gemeinsamkeiten mit anderen suchen oder finden. Sie DÜRFEN aber WOLLEN. ☺

Gemeinsamkeiten lassen sich auf der ganzen Welt finden ...

Ein gutes Beispiel dafür sind Hackbällchen, die in unterschiedlichen Varianten auf der ganzen Welt verbreitet sind. In Japan sind sie als *tsukune* bekannt, im Nahen Osten als *kufta*. In Südafrika kennt man sie als *bobotie*. Schweden benennt sie *Köttbullar*, im alten Ostpreußen waren die *Klopse* beliebt. Die Liste lässt sich beliebig verlängern.

Man kann darüber spekulieren, ob letztlich die Gemeinsamkeiten der Kulturen vielleicht sogar größer sind als ihre Unterschiede.

„Jokerwerte" sind Trumpf!

Bei den gemeinsamen Werten und zwischenmenschlichen Zusammenhängen gibt es ein paar, die es mir persönlich besonders angetan haben. Solche, mit denen ich mich schon jahrelang intensiv auseinandersetze. Weil ich sie für „Verbinder" halte. Diese Werte bauen Missverständnisse in der Kommunikation ab, sie unterstützen andere Werte dabei, sich zu entfalten, schaffen Brücken zwischen verschiedenen Systemen und sie bringen Menschen näher zueinander. Sie wirken ausgleichend, sogar zwischen Gegenwerten, die vordergründig miteinander nicht viel gemeinsam haben – z.B. Sparsamkeit und Großzügigkeit oder Disziplin und Gelassenheit.

Ich habe mich in der Kommunikation diesen Verbindern, diesen „Jokerwerten" aktiv verschrieben, weil sie zwischen mir und meinen Gesprächspartnerinnen und Gesprächspartnern Türen öffnen und Perspektiven schaffen können.

Sie zu „beleben" kann Konflikte entschärfen oder gar nicht entstehen lassen. Sie fördern eine positive Sicht auf die Dinge in und auf die Menschen um uns. Daher möchte ich Ihnen einige wesentliche davon in diesem Kapitel wärmstens ans Herz legen. Vorhang auf für:

Die verbindenden Vier!

- Empathie
- Humor
- Herzlichkeit
- Dankbarkeit

Empathie/Einfühlungsvermögen/Mitgefühl verbindet

Empathie verbindet Menschen und ihre Werte. Wenn ich nachempfinden kann, warum einem Menschen z.B. Anstand oder Würde so wichtig sind, ist es viel leichter, ihm/ihr einen Schritt entgegenzukommen.

Empathie bezeichnet die Fähigkeit und Bereitschaft, Empfindungen, Emotionen, Gedanken, Motive und Persönlichkeitsmerkmale einer anderen Person zu erkennen, zu verstehen und nachzuempfinden. Ein damit korrespondierender allgemeinsprachlicher Begriff ist Einfühlungsvermögen.

Grundlage der Empathie ist die Selbstwahrnehmung – je offener eine Person für ihre eigenen Emotionen ist, desto besser kann sie auch die Gefühle anderer deuten.

https://de.wikipedia.org/wiki/Empathie

Mitgefühl ist die Fähigkeit, mit einem anderen Menschen zu fühlen, ohne ganz in das Leid des anderen mit hineingezogen zu werden.

Es bedeutet, sich in andere Menschen hineinzuversetzen, und äußert sich im Zuhören, im Vergeben von kleinen Unfreundlichkeiten und Kränkungen, in Unterstützung und Wohltätigkeit. Mitgefühl drückt sich aus in tröstenden Worten, Umarmungen und dem Wunsch, anderen zu helfen. Im Deutschen wird gerne unterschieden zwischen Mitleid und Mitgefühl. Andere Sprachen machen hier keinen Unterschied.

Empathisch zu sein, gelingt natürlich dadurch, anderen Fragen zu stellen und zuzuhören. Die wirkungsvollste Methode, eine empathische Verbindung zu jemandem herzustellen, ist aber noch viel einfacher. Schauen Sie hin!

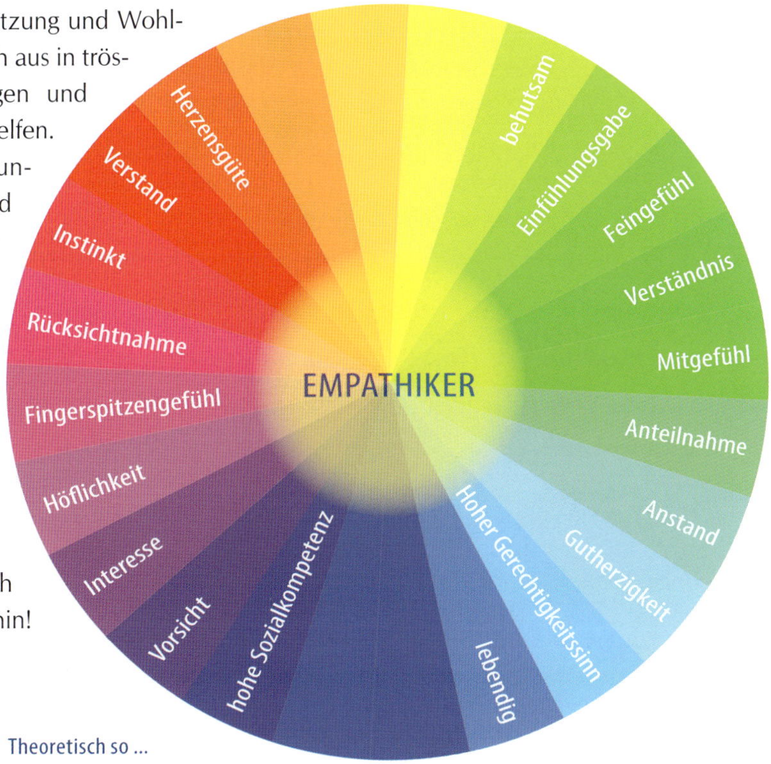

Theoretisch so …

ÜBUNG

Schau mir in die Augen, Kleines!

Der US-amerikanische Psychologe Arthur Aron (geb. 1945) zeigte bereits vor zwanzig Jahren, dass sich eine Annäherung zwischen zwei Fremden ergab, wenn sie sich vier Minuten lang in die Augen schauten. Der Effekt ist verblüffend.

Video:
https://www.youtube.com/watch?v=CXZxhojYOYc

Suchen Sie sich bitte einen Übungspartner/eine Übungspartnerin. Jemanden, den Sie nicht so gut kennen, oder jemanden, den Sie gut zu kennen glauben, das spielt keine Rolle. Setzen Sie sich gegenüber voneinander hin und sehen Sie einander in die Augen – vier Minuten lang und ohne miteinander zu sprechen. Und erleben Sie Unglaubliches!

Ich bin gespannt, was Sie über sich, den/die andere und ihre Verbindung zueinander herausfinden. Schicken Sie mir gerne eine E-Mail mit Ihren Erfahrungen an office@sigridtschiedl.at

Empathie: praktisch so ...

Humor hilft

Humor ist bekanntermaßen die Kunst, sich selbst und die Umstände nicht so ernst zu nehmen. Er ist eine der wichtigsten Ressourcen und Werte gegen Stress und Schmerzen. Wenn das nur so einfach wäre. Humor ist ja bekanntermaßen nicht „Witze erzählen". Humor ist eine Haltung, eine Lebenseinstellung und damit unschätzbar wertvoll.

Wo miteinander gelacht wird (nicht übereinander!), da entstehen wertvolle Verbindungen.

Wenn es um Humor und seine großartige Wirkung in privater und beruflicher Kommunikation geht, dann sollte unbedingt jemand zu Wort kommen, der sich damit besonders gut auskennt. Er ist Arzt und überzeugter Humorbotschafter mit Herz und Hirn. Ich habe das große Vergnügen, schon über zehn Jahre mit ihm zusammenarbeiten und Werte teilen zu dürfen. Es ist: Dr. Roman Szeliga.

Der „Freude-Junkie"

Interview mit Dr. Roman Szeliga

Frage: *Du als Experte und Humorbotschafter hast dich ja folgenden Werten verschrieben, die da wären Leichtigkeit, Humor und Freude. Für mich sind das sogenannte Verbinder- oder Jokerwerte, weil sie so allumfassend passend sind. Wie bringt man dieses Trio denn hinein ins Leben?*

Roman Szeliga: Da fragst du den Richtigen … (lacht) …!

Was dabei enorm hilft, sind sicherlich die guten Vorbilder in der Kindheit. Eltern, Freunde … einfach Menschen, die dir gezeigt haben, dass es auch in schlechten Phasen eine Kraft gibt, die dir weiterhilft. Soll heißen, dass man sich auch jetzt mit anderen Menschen umgeben sollte, die eine positive Grundstruktur, eine positive Lebensphilosophie haben, die nicht gleich aufgeben, die das Jammern erst an achter Stelle ihres Maßnahmenkatalogs haben. Und ich habe gespürt, dass mich das Ärgern nicht wirklich weiterbringt – im Gegenteil, es geht mir sogar schlechter. Lieber versuche ich irgendetwas Positives herauszukitzeln. Das geht zwar nicht immer … aber immer öfter.

Wie gehst du das an?

Ich schau' immer, was mir Freude macht. Und ich suche Orte, wo ich sie empfinde. Mittlerweile wähle ich zum Beispiel Veranstaltungen, auf die ich gehe, ganz gezielt aus. Das ist ein Entwicklungsprozess, den ich mir jetzt gönne – weil ich es mir wert bin! Ich gebe mir etwa auch die Erlaubnis, zu Menschen – ganz ohne schlechtes Gewissen – „nein" zu sagen. Das tut extrem gut! Macht mich happy! Und das brauche ich. Denn ich bin ein „Freude-Junkie", fast schon süchtig nach guter Laune!

Und wenn es einmal keinen Grund zu lachen gibt?

Das passiert natürlich auch. Wenn es mir einmal nicht gut geht, ich ein großes Problem habe, das man nicht wegschmunzeln kann, dann falle ich durchaus auch in eine tiefere Nachdenkphase. Es gibt sie also auch bei mir, die berühmte Hochschaubahn der Gefühle. Deshalb ist es gut, so ein anfangs erwähntes Leute-Netzwerk aufzubauen. Das dann hilft, einen wieder auf ein normales Level zu bringen … um wieder durchstarten zu können.

Woher kommt dein Titel „Humorbotschafter"?

Den hat ein Kurier-Journalist vor 15 Jahren „erfunden" … und er hat mir so gut gefallen, dass ich ihn gleich übernommen habe. Botschafter für Humor, für gute Stimmung zu sein, ist Berufung und Beruf gleichzeitig – und das ist super!

Als Arzt darfst du ja sogar ansteckend sein …

(Lacht) Zudem weiß ich natürlich auch, wie wichtig Humor und gute Laune für den Körper sind. Das ist der positive Side-Effekt.

Verrätst du mir vielleicht eines deiner Vorbilder?

Ich habe einige Vorbilder. Wen ich aber ganz besonders schätze – auch weil ich ihn in- und auswendig kenne –, ist der leider bereits verstorbene Robin Williams. Ein genialer Schauspieler mit einem wunderschönen Humor, einer unglaublichen Wandlungsfähigkeit … aber auch ein sehr ernster Mensch.

Was machst du, wenn du deine Werte, die du durchaus freigiebig zur Verfügung stellst, in Gefahr siehst?

Da bin ich durchaus sensibel geworden. Wenn mir mein Bauchgefühl „Vorsicht" vermittelt, dann bin ich professionell gut, aber ziehe schon auch einmal eine innere Wand auf.

Werte schaffen Werte! Deine haben dir also geholfen, zusätzlich welche zu erarbeiten?

Ganz sicherlich – etwa Gelassenheit, Vertrauen in meine Intuition und sicherlich noch intensiveres Mitgefühl.

Last but not least – hast du ein Motto?

> Schau', dass du mit dem Menschen glücklich bist, mit dem du dein ganzes Leben verbringst – mit dir selbst!

Danke, Roman! ☺

Mehr über Dr. Roman Szeliga finden Sie auf **www.roman-szeliga.com**, **www.happyundness.at** und **www.mindbusters.at**

Außerdem gibt's ein ganzes Kapitel zum Thema Humor im Buch „KommUNIKATion – Persönlichkeit wirkt einzigartig" (Tschiedl/Szeliga, Verlagshaus der Ärzte, ersch. 2011). ☺

Humor und Respekt schließen einander nicht aus – sie können einander wunderbar ergänzen. ☺

ÜBUNG

Humor im Einsatz

Wo sich nichts mehr ändern lässt, lässt sich nur mehr weinen oder eben lachen. Natürlich fällt das oft mit ein wenig Abstand leichter, als wenn man mitten in der Situation steckt. Wenn es Ihnen aber gelingt, sich eben diese Situationen, die grotesk, absurd, Wurstsalat ... oder nicht – sehen Sie? – vorzustellen, dann kann der Spaß beginnen. ☺

Erinnern Sie sich an einen Moment in Ihrem Leben, wo Sie, wenn es Ihnen nicht selbst gerade dann passiert wäre, gelacht hätten. Wenn Sie ehrlich sind. Und dann teilen Sie diese Geschichte mit den Menschen, die Sie gerne zum Lachen bringen wollen.

Genießen Sie das gute Gefühl, das Sie dadurch erleben werden.

Humor ist gesunder Menschenverstand, der tanzt.

Englisches Sprichwort

Look at me

Ich möchte mit Ihnen gerne eines meiner liebsten persönlichen Hoppalas teilen, weil es mich nach wie vor so sehr zum Lachen bringt, und zwar über mich selbst.

Ich gehöre nicht zu den „Entweder-oder"-Menschen. Ich gehöre zu den „Sowohl-als-auch"-Menschen. Das beschert mir gefühlt die volle XL-Packung Leben, mit allem drum und dran. So habe ich nicht nur meine spannende, erfüllende Arbeit, ich habe auch drei wundervolle Kinder, die ich über alles liebe und mit denen ich viele Abenteuer erlebe.

Mit eben diesen Kindern, es sind drei Söhne, und meiner Nichte war ich vor knapp zwei Jahren in einem Hallenbad.

Die Voraussetzungen für einen gelungenen Schwimmbadbesuch waren alles andere als günstig: drei Söhne, acht, sechs und zwei Jahre alt, davon 1½ Nichtschwimmer, eines ein Windelkind, die 18-jährige Teenagernichte trotz Babysitterbereitschaft einfach durch Handy und Hormone ablenkbar. Klarer Fall für vollste Aufmerksamkeit meinerseits. Gute Vorbereitung, konkrete Ansagen, große Verantwortung – damit schlussendlich alle Spaß haben.

Es werden also Schwimmbehelfe und -windeln angelegt, alle aufs Klo geschickt, Badespielzeug in die Tasche gepackt, zwischendurch immer wieder verschwundene Kinder aus den Kabinengängen eingesammelt. Wie immer ziehe ich mich schnell als Letzte um, werfe mich in den Badmantel, habe zum 100sten Mal alles für die Kinder mit, nur meine eigenen Badeschlapfen vergessen. Ich schleppe jede Menge Zeug in den Kinderbadebereich, die liebe Nichte wird mit den Größeren zu den aufregenderen Rutschen geschickt, das urinwarme Babybecken mit der Kinderrutsche wird wieder mein Aufsichtsbereich sein.

Der Kleine hüpft sofort aufgeregt ins Wasser klettert die Stufen zur Minirutsche hinauf und weist mich an, mich dem Rutschenende gegenüber am Beckenrand zu platzieren, um ihm die nächsten 30 Minuten aufmerksamst bei seinen Rutschenhöchstleistungen zuzusehen und begeistert zu applaudieren. Ich werfe also meinen Bademantel ab und wate, geschickt wie ein Gorilla im Tiefschnee, durch das oberschenkelhohe Wasser. Mit ausgestreckten Armen, breitbeinig. Verursache dabei Wellenspaß für die anderen Kleinkinder, die mit ihren Schwimmflügeln wie kleine Bojen herumdümpeln und zur Seite geschwemmt werden. Schnell quer durch. Immerhin wartet schon einer dringend am Rutschenstart auf sein Publikum. Wie haben die das nur in Baywatch immer so elegant hingekriegt, frag ich mich, aber das nur am Rande. An eben diesem, nämlich dem gegenüberliegenden Beckenrand, lasse ich mich dann auch möglichst elegant nieder. Wie in einem Werbekatalog, denke ich. Ich muss mir nur einbilden, dass ich hier im Wellnessbereich bin. Die Arme ausgestreckt, den Kopf zurückgelegt, ein mildes Lächeln aufsetzen, durchatmen, ein Moment der Ruhe. Schon bin ich ganz entspannt. Schaue meinem Sohn beim Rutschen zu. Und sehe mich um. Sehe in viele freundliche Gesichter. Andere

Mamas und Papas, Omas und Opas, der Bademeister ... sie sehen mich an. Hallo. Denke ich. Und dann. Warum sehen sie mich alle an? Freundlich? Interessiert? Amüsiert? Vielleicht kennen Sie das, wenn sich die Gedanken im Kopf überschlagen und man unmittelbar „Aaaaaaahhhh!“ schreien möchte. Währenddessen versucht das Gesicht weiterhin unbeeindruckt und freundlich zu bleiben. Ich suche also nach der Ursache für all diese Blicke rund um mich herum, hinter mir und schließlich an mir. Mein Blick fällt auf mein Bikinioberteil. Nur, dass es gar kein Bikinioberteil ist. Es ist mein BH, mein alter, hässlicher, grauer BH. Der früher mal weiß war und den man als Mutter schnell anzieht, weil's „eh egal ist“. Verkehrt herum angezogen, mit Nähten und Etikett nach außen. Tja ...

Wer über sich selbst lachen kann, ist klar im Vorteil.

Langer Rede kurzer Sinn, ich musste mit entschuldigenden Blicken und verlegenem Grinsen bis zum Kinn unter Wasser warten, bis meine Nichte mit den größeren Jungs wieder auftauchte, damit sie die Kinder beaufsichtigen konnte. Dann der ganze Gorilla-Tanz zurück zum Bademantel. Immerhin hatte ich es Gott sei Dank in meiner Hirnlosigkeit doch geschafft, die Bikinihose anzuziehen. Eine schnelle Frage an meine Nichte, ob ihr denn nicht aufgefallen sei, dass das kein Bikinioberteil wäre. Was sie mit „Ich hab mir eh schon gedacht, es schaut irgendwie komisch aus“ quittierte. Ab in die Garderobe, umziehen. Vorhang. Danke.

Und jedes Mal, wenn ich mir vorstelle, wie ich ausgesehen haben muss, als ich quasi in Unterwäsche durch den Kleinkinderpool stampfe, muss ich herzhaft lachen. Und freue mich irgendwie auch, dass ich die Menschen im Hallenbad amüsieren konnte. ☺

Übrigens, „gelernt“ habe ich den Humor von meinen Eltern. Ein wunderbarer Spruch meiner Mutter ist: „Wenn ich nicht lache, ist es auch passiert. Also kann ich gleich lachen.“ Danke, Mutti!

Herzlichkeit öffnet Türen

Wer herzlich ist, wirkt einladend auf andere. Dazu gehören Offenheit und Freundlichkeit. Ein Lächeln, eine Umarmung, eine kleine Aufmerksamkeit, die zeigt, ich habe liebevoll an dich gedacht. Herzlichkeit gibt den Menschen um uns herum

Energie und bewirkt echtes Wohlgefühl. Und sie ist ganz einfach zu zeigen, wenn man es sich erlaubt.

Herzlichkeit ist Freundlichkeit, die von Herzen kommt. Wenn man jemanden von Herzen gern mag und ihm/ihr das zeigt, indem man ihn/sie z.B. mit großer Freundlichkeit empfängt, dann ist das Herzlichkeit. Sie ist dabei ehrlich, sonst wäre sie nur Höflichkeit. Sie ist eine Herzensverbindung zu anderen Menschen und die Fähigkeit, aus dieser Herzensverbindung heraus zu handeln.

https://wiki.yoga-vidya.de/Herzlichkeit

Herzliche Umarmungen … momentan nur mit Mundschutz möglich, aber ebenso wirkungsvoll.

ÜBUNG

Sei mein Gast!

Eine einfache Art, Herzlichkeit zu zeigen und zu leben, ist Gastfreundschaft. Andere einladen – und Zeit, Aufmerksamkeit und Zuwendung schenken. Egal wo, egal wie, egal warum. Laden Sie spontan jemanden ein, den Sie mögen und schon lange nicht gesehen haben. Einfach so, ohne Anlass. Es ist die Geste, die zählt. Und es gewinnen beide.

Dankbarkeit erkennt an

„Danke" gehört zur kommunikativen Grundausstattung. So sehr, dass wir manchmal vergessen, was es bedeutet, dankbar zu sein.

Dankbarkeit heißt, den gegebenen Augenblick und jede Gelegenheit, einfach alles, was uns begegnet, als Geschenk wahrzunehmen. Das ergibt tausend Gelegenheiten, sich zu freuen!

Dankbarkeit macht glücklich. Den, der dankbar ist, und den, dem man Dankbarkeit schenkt.

Sich dessen bewusst zu sein, macht den Unterschied. Gelebte Dankbarkeit ist wie ein Gratiszuckerl in der Apotheke. Es hält gesund und versüßt den Moment.

Nicht die Glücklichen sind dankbar, die Dankbaren sind glücklich.

Theodor Fontane (1819–1898)
deutscher Schriftsteller

ÜBUNG

Wofür bin ich gerade dankbar?

Bitte notieren sie hier sofort drei Dinge, für die Sie dankbar sind, und holen Sie sie so in Ihr Bewusstsein und damit ins Hier und Jetzt.

____

____

____

Die Gewohnheit, jeden Abend vor dem Schlafengehen für einiges im Leben aktiv dankbar zu sein, macht uns insgesamt zufriedener und ausgeglichener.

Wo bleibt die Wertschätzung?

Vielleicht ist es dem/r einen oder dem/r anderen aufmerksamen Leser/in bereits aufgefallen, dass ich bis jetzt die berühmte „Wertschätzung“, die wir uns alle wünschen, noch nicht erwähnt habe.

Wenn Partner sich trennen, wenn Menschen ihren Job kündigen, wenn Freunde sich enttäuscht zurückziehen, dann wird dies in den allermeisten Fällen mit mangelnder Wertschätzung begründet.

Wussten Sie, dass Wertschätzung kein softes Thema, sondern ein knallharter Unternehmensfaktor ist?

Durch gelebte Wertschätzung entstehen
+ 22 % mehr Rentabilität
+ 21 % Produktivität
– 37 % weniger Fehlzeiten
– 65 % weniger Fluktuation

(Quelle: Gallup Institut, Manuela Wenger)

Keine Wertschöpfung ohne Wertschätzung!

Wenn wir wollen, dass Werte andere Werte schaffen, dann müssen wir zuerst jene schätzen, die schon da sind. Und zwar bei uns selbst und bei anderen.

Wertschätzung ist Anerkennung und positive Rückmeldung für unsere Bemühungen und guten Absichten. Sie schafft Augenhöhe zwischen Menschen und bildet die Basis sinnvoller, konstruktiver Kommunikation. Sie ist sehr heilsam und verbindend und kann jedem Wert besondere Bedeutung und Sichtbarkeit verleihen.

Unter dem Überbegriff „Wertschätzung" finden sich viele verschiedene Begriffe, die alle aktiv den Menschen mit seinen positiv motivierten Grundeinstellungen würdigen.

Dazu gehören zum Beispiel Achtsamkeit, Anerkennung, Aufmerksamkeit, Dankbarkeit, Freundlichkeit, Gerechtigkeit, Offenheit oder Respekt.

Jeder Wert kann und möchte geschätzt werden. Und jeder Mensch möchte wertgeschätzt werden. Dafür, was er ist, was ihn ausmacht und was er beiträgt, egal für welches System.

Es geht immer um die „emotionale Begegnungsqualität" (vgl. Manuela Wenger, www.diewertschaetzerin.at). Wie wir einander begegnen, entscheidet darüber, ob uns Kommunikation, Arbeit oder eine Beziehung Energie kostet oder spendet. Ob sie uns verbraucht oder erfüllt. Je nachdem, welchen Wert wir „schätzend“ einsetzen.

Liebe? Liebe!

Die höchste Form der Wertschätzung ist Liebe.

An dieses Wort wage ich mich kaum heran. Ich denke nicht, dass ich Liebe erklären kann. Und auch nicht an ihr arbeiten. Und auch nicht über sie bestimmen.

Ich kann Sie einladen, ihr Raum und Beachtung schenken. In meinem Leben, in meinen Beziehungen.

Liebe ist eine Energie, ein Gefühl, ein Erlebnis. Und sie veredelt jeden Wert.

Alles ist schön durch die Augen der Liebe betrachtet. Und wertvoll.

Sie macht die Werte um uns herum sichtbar. Ist sie einmal aus einem System oder einer Beziehung verschwunden, bleiben oft Ernüchterung, Kränkung und Fassungslosigkeit.

Was habe ich nur an dir gefunden? Wie bin ich auf die Idee gekommen, dass ich hier arbeiten will? Warum macht mir das plötzlich keinen Spaß mehr?

ÜBUNG

Liebe an, Liebe aus!

Der Wert liegt im Auge des liebevollen Betrachters.

Erinnern Sie sich noch an das Bild des liebevoll gezauberten Frühstücks aus Kapitel 2 (Seite 38)? Und sehen Frühstückstische im echten Leben nicht weit häufiger SO aus (siehe Bild auf der nächsten Seite)?

Und nun stellen Sie sich bitte Folgendes vor:

- Dieses Frühstück haben kleine Kinder allein für ihre Mama am Muttertag gezaubert.
- Dieses Frühstück hat ein junger Mann morgens nach einer langen nächtlichen Autofahrt in den Süden für seine Liebste am Campingplatz organisiert, indem er sich Geschirr von den Nachbarwohnmobilbewohnern geborgt hat.

Ziemlich süß, nett, entzückend, schön, oder? Und schon sind alle Werte sichtbar.

Oder aber:

- So ein Frühstück erwartet Sie zu Weihnachten bei Ihrer Großmutter.
- Dieses Frühstück bekommen Sie zu Ihrem 25. Hochzeitstag/Ihrem runden Geburtstag.

Eher lieblos, schlampig, uninspiriert, da geht noch was, oder?

Was hat sich geändert? Nur die Art und Weise, wie Sie dieses Bild betrachten.

Die Ressource der Liebe verbraucht sich manchmal innerhalb von Systemen einfach schon dadurch, dass sie nicht durch aktive Wertschätzung gefüttert wird. Wir starten oft mit vollen Taschen und hoch motiviert in eine Beziehung. Da sind jede Menge Werte im Gepäck, von Aufmerksamkeit bis Rücksichtnahme. Und wie viele davon leben wir dauerhaft? Wie steht es um die aktive Wertebilanz, wenn wir am Ende einer Beziehung dastehen und feststellen, dass keine Liebe mehr da ist, die uns die Energie dafür gibt, weiterzumachen?

Dreimal Wertschätzung, bitte

Wertschätzung lässt sich ganz einfach in den Alltag integrieren und zeigen. Sie aktiv zu leben, erfordert keine Anstrengungen. Man muss es nur tun. Sie ist in kleinen Gesten und Worten zu finden, die wir uns leicht zur Gewohnheit machen können.

Hier möchte ich Ihnen drei davon vorstellen:

Darf ich?

Oft suchen wir nach den richtigen Worten. Denen, die verbinden. Besonders, wenn wir jemanden überzeugen wollen. Zum Beispiel von unseren Werten.

Die richtige Wortwahl bildet die Basis dafür. Aber wie können Sie jemanden von Ihrem Wert überzeugen, ohne mit der Tür ins Haus zu fallen?

Vielleicht ist es Ihnen schon einmal passiert, dass jemand Ihnen seine persönliche Überzeugung, einen bestimmten Wert näherbringen wollte – sagen wir zum Beispiel Sorgfalt oder Ordnung, denn Ordnung ist ja bekanntlich das halbe Leben –, und er oder sie hatte sicher auch überzeugende Argumente parat.

Das könnte dann in etwa so ablaufen: „Du musst zuerst Ordnung in dein Chaos bringen. Ohne Ordnung verlierst du den Überblick. Pass auf: Du musst dir einen Plan machen und den arbeitest du dann ab ..."

Wie reagieren Sie? Vermutlich so wie ich oder die meisten Menschen in dieser Situation: Sie treten innerlich sofort einen Schritt zurück und denken: „Nicht mit mir! Ich muss gar nix!" (Es sei denn, Sie sind auch ein Ordnungsfreund, aber dann braucht man Sie vom Wert Ordnung ja ohnehin nicht zu überzeugen.)

Verstehen Sie mich richtig – es ist gut, von einer Sache überzeugt zu sein. Um auch andere davon zu überzeugen, braucht es aber auch die Erlaubnis des Gegenübers. Besonders, wenn nicht schon vorher eine vertrauensvolle Beziehung zwischen Ihnen und Ihrem Gesprächspartner besteht.

Die Zauberformel der verbindenden Worte ist eine Einleitungsfrage und lautet „Darf ich...?" Darf ich ist sozusagen die offene Hand der Worte (siehe unten). Darf ich Ihnen sagen, was Ordnung für mich bedeutet? Darf ich Ihnen zeigen, wie Ordnung mein Leben einfacher und besser gemacht hat? Darf ich Ihnen einige Tipps geben, wie Sie durch Ordnung Zeit sparen? Darf ich?

Und dann? Dann machen Sie bitte eine Pause – denn nicht nur auf die Worte, auch auf das Timing kommt es an. Geben Sie dem Gegenüber Zeit für seine Entscheidung bzw. Reaktion. Und wenn Sie körpersprachlich oder verbal Einverständnis signalisiert bekommen, dann legen Sie los – Bühne frei für Ihren Wert!

Darf ich Sie also dazu einladen, sich selbst ein bisschen zu beobachten? Auf welche Weise versuchen Sie andere zu überzeugen, wenn Sie von einem Wert besonders begeistert sind? Und welche Worte wählen Sie dabei?

„Darf ich dich mit dem Textmarker anmalen?“
„Wieso?“
„Weil du wichtig bist!“

Das geschickte Kompliment

Schon in meinem Buch *KommUNIKATion – Persönlichkeit wirkt einzigartig* habe ich mich mit Wertschätzung beschäftigt (erschienen im Jahr 2011 im Verlagshaus der Ärzte). Und schon damals war ich von der wunderbaren Wirkung von Komplimenten überzeugt. Hier also noch einmal kurz zur Erinnerung:

Wann haben Sie zuletzt ein Kompliment bekommen? Wann haben Sie zuletzt ein Kompliment gemacht? Warum machen wir nicht öfter Komplimente? Und warum kommen manche an und andere nicht? Und kommen Sie mir jetzt bitte nicht mit den üblichen Ausreden:

- Das sollte auch nicht zu oft sein, sonst ist es ja gar nicht mehr so wertvoll. Zu oft, zu viel? Hab ich noch nie erlebt!
- Na, das passt einfach nicht immer und außerdem frag ich mich dann oft: „Was will der/die denn von mir?“

Dann ist es kein passendes oder kein ehrliches Kompliment.

Net g'schimpft is g'lobt gnua.

Sehr österreichische Einstellung ... und völliger Unsinn. ☺

Ich bin überzeugt davon, dass jede/r jeder/m ein Kompliment machen kann. Einfach dadurch, dass er/sie in Worte fasst, was ihm/ihr am/an der anderen Schönes auffällt. Ich formuliere dabei einen persönlichen, positiven Eindruck. Was ich spontan, jetzt oder von mir aus immer schon an dir mag. Und dann raus damit. Wobei: Wie so oft gibt es auch hier Regeln, damit ein Kompliment ankommt und nicht in die Hose geht.

Das geschickte Kompliment hat vier Eigenschaften. Es ist ...

... ehrlich gemeint, also ohne Hintergedanken und wirklich meine Meinung.

... der Situation angepasst. – Rolle und Zusammenhang sind angemessen, Ort und Moment entscheiden.

... individuell. Wenn es klingt wie: „Das sagst du ohnehin zu allen", kommt das nicht gut an.

... positiv formuliert. „Du bist gar nicht so unsympathisch", ist kein Kompliment!

Und wie nimmt man ein Kompliment an? Ganz einfach: Danke sagen und sich freuen.

Leider kommt manchmal ein noch so gut gemeintes Kompliment dennoch nicht an. Aber selbst wenn Sie nicht die Reaktion erhalten, die Sie sich erhofft haben, ein Kompliment wirkt. Manchmal kann sich die Freude darüber erst zeitverzögert oder im Geheimen beim anderen einstellen. Sie sind einfach nur nicht dabei, wenn jemand Ihr „Geschenk" auspackt.

Denn ich finde, ein Kompliment ist ein Geschenk mit Worten. Und vermittelt schenken nicht ebenso eine Freude wie beschenkt zu werden?

Na dann, auf die Plätze, fertig, Kompliment!

Tipp:
Damit Ihr Kompliment den anderen nicht überrumpelt, starten Sie mit dem kleinen Einleitungssatz: „Darf ich Ihnen/dir ein Kompliment machen?" (Darf ich ... siehe oben)
So überschreiten Sie nicht ungefragt die Grenzen des anderen, etwaige Abwehrhaltungen werden schnell abgebaut.

Die offene Hand

Ob mit Worten oder Taten, die Frage ist immer, „wie“ Sie Ihr Geschenk präsentieren und übergeben. Diese Geste können Sie sofort beruflich und privat einsetzen. Sie verkörpert ganz einfach und effektiv „Wertschätzung“: die offene Hand.

Oft bekomme ich Eintrittskarten, Wechselgeld, aber auch Werbegeschenke oder sogar Rechnungen so überreicht (❶):

Gelegentlich auch so (❷):

Schauen wir uns diese Gesten einmal körpersprachlich ein wenig genauer an.

Von oben nach unten geführt wirkt eine Geste oft dominant und führend (vgl. Bild 1). Von hinten nach vorne wirkt sie wegschiebend oder taktierend (vgl. Bild 2). So würden Sie niemals ein Geschenk übergeben – z.B. zum Geburtstag: „Alles Gute und viel Spaß mit dem Gutschein!“ ☺

Nur die offene Hand – die nach oben gedrehte (sichtbare) Handfläche (vgl. Bild ❸) – kann geben und nehmen. Nur diese Hand signalisiert Vertrauen, Offenheit, Ehrlichkeit und gibt Ihrem Kommunikationspartner die Möglichkeit, selbst zu entscheiden, wann und in welchem Tempo er oder sie Ihr Angebot annimmt – ob mit oder ohne Gegenstand.

So zeigen Sie immer Respekt und Wertschätzung Ihrem Gesprächspartner gegenüber.

Probieren Sie's aus und nehmen Sie diese Geste in Ihr bewusstes Körpersprache-Repertoire auf – einfach, effektiv und wertvoll.

So viel zu den Möglichkeiten, mit Wertekonflikten und Widerständen umzugehen.

Kurz zusammengefasst:

Love it – or at least esteem it!
Change it – and start with yourself!
Or leave it – with gratefulness!
Wer kann die Welt ändern? Jeder! Meine ich! Jetzt! Behaupte ich! Klar ist aber ...
Old way won't open new doors.

Apropos Veränderung ...

KAPITEL 6

Wertewandel und Coronazeiten

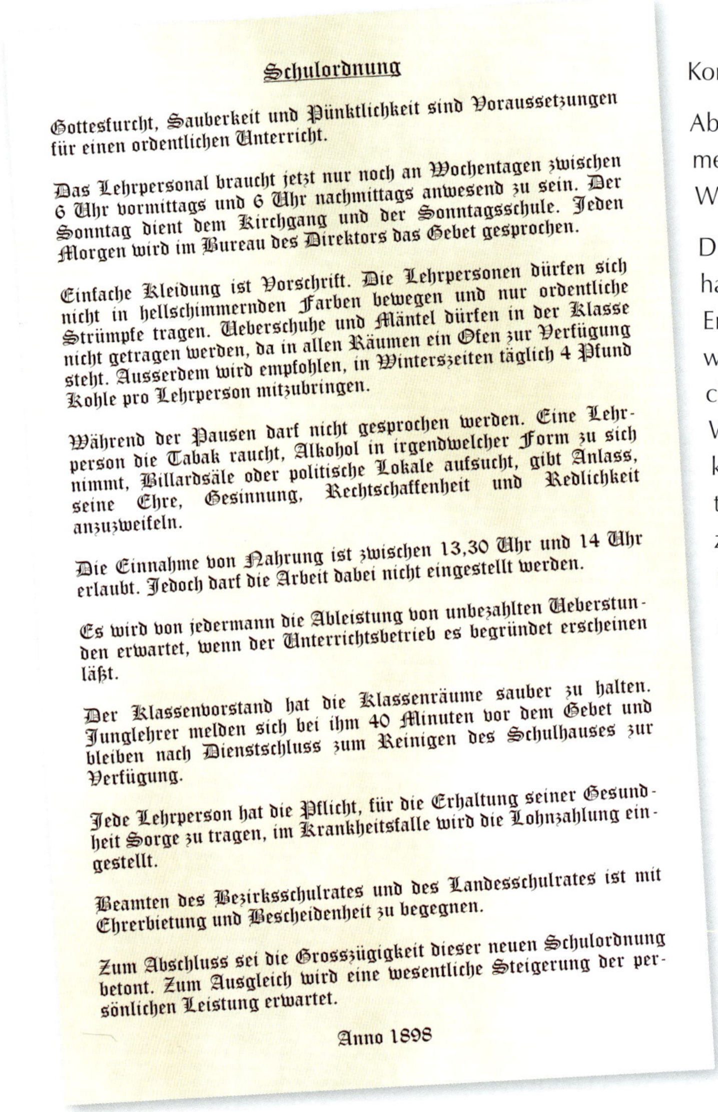

Schulordnung

Gottesfurcht, Sauberkeit und Pünktlichkeit sind Voraussetzungen für einen ordentlichen Unterricht.

Das Lehrpersonal braucht jetzt nur noch an Wochentagen zwischen 6 Uhr vormittags und 6 Uhr nachmittags anwesend zu sein. Der Sonntag dient dem Kirchgang und der Sonntagsschule. Jeden Morgen wird im Bureau des Direktors das Gebet gesprochen.

Einfache Kleidung ist Vorschrift. Die Lehrpersonen dürfen sich nicht in hellschimmernden Farben bewegen und nur ordentliche Strümpfe tragen. Ueberschuhe und Mäntel dürfen in der Klasse nicht getragen werden, da in allen Räumen ein Ofen zur Verfügung steht. Ausserdem wird empfohlen, in Winterszeiten täglich 4 Pfund Kohle pro Lehrperson mitzubringen.

Während der Pausen darf nicht gesprochen werden. Eine Lehrperson die Tabak raucht, Alkohol in irgendwelcher Form zu sich nimmt, Billardsäle oder politische Lokale aufsucht, gibt Anlass, seine Ehre, Gesinnung, Rechtschaffenheit und Redlichkeit anzuzweifeln.

Die Einnahme von Nahrung ist zwischen 13,30 Uhr und 14 Uhr erlaubt. Jedoch darf die Arbeit dabei nicht eingestellt werden.

Es wird von jedermann die Ableistung von unbezahlten Ueberstunden erwartet, wenn der Unterrichtsbetrieb es begründet erscheinen läßt.

Der Klassenvorstand hat die Klassenräume sauber zu halten. Junglehrer melden sich bei ihm 40 Minuten vor dem Gebet und bleiben nach Dienstschluss zum Reinigen des Schulhauses zur Verfügung.

Jede Lehrperson hat die Pflicht, für die Erhaltung seiner Gesundheit Sorge zu tragen, im Krankheitsfalle wird die Lohnzahlung eingestellt.

Beamten des Bezirksschulrates und des Landesschulrates ist mit Ehrerbietung und Bescheidenheit zu begegnen.

Zum Abschluss sei die Grosszügigkeit dieser neuen Schulordnung betont. Zum Ausgleich wird eine wesentliche Steigerung der persönlichen Leistung erwartet.

Anno 1898

War früher wirklich alles besser?

Kommt Zeit, kommt Rat! Heißt es.

Aber nicht nur das. Kommt Zeit … kommen nämlich durchaus auch andere Werte!

Die Wertvorstellungen der Menschheit haben sich im Laufe der historischen Entwicklung zu allen Zeiten immer wieder verändert, der gesellschaftliche Wertekanon ist einem ständigen Wandel unterworfen und wird immer komplexer und umfangreicher. Werte, die noch vor einigen Jahren als zentral galten, müssen heute nicht mehr für jeden verbindlich sein.

Gerade mal gute 120 Jahre ist es her, dass die Schulordnung so ausgesehen hat (siehe nebenstehende Abbildung).

Der Wertewandel in einem System entsteht durch die Vermehrung oder Verknappung und die Verschiebung von zwei Komponenten: Ressourcen und Aufmerksamkeit. Wer mehr Geld oder Zeit zur Verfügung hat bzw. stellt, kann sich neuen, interessanten Werten widmen, für die vielleicht bis jetzt kein Platz im Leben war. Wobei das „absolute“, messbare Vorhandensein von Ressourcen dabei so gut wie keine Rolle spielt, eher geht es um das individuelle Gefühl jedes/r Einzelnen, „mehr“ oder „weniger“ von etwas zur freien Verfügung zu haben. Z.B.: „Endlich habe ich Zeit, mich meiner Gesundheit zu widmen.“ Heißt übersetzt einfach: „Jetzt investiere ich mehr in diesen Wert.“

In den Jahren zwischen 2000 und 2015 hat sich beispielsweise in Österreich der Anteil des Haushaltseinkommens, der in „Gesundheit“ investiert wird, von 2,4 % auf 3,8 % gesteigert. Wir geben also heute über 50 % mehr von dem uns zur Verfügung stehenden Geld für Gesundheit und -spflege aus als vor zwanzig Jahren (Quelle: Wirtschaftskammer Salzburg).

Wie bei jedem Wandel, so spielen zum einen Vorbilder bzw. Pioniere eine große Rolle, die andere im System ebenfalls auf einen Wert aufmerksam machen oder davon überzeugen können, dass es sich lohnt, seine Energie in ihn zu investieren. So entstehen Werte-Bewegungen auf der ganzen Welt, die Gerechtigkeit, Nachhaltigkeit, Frieden oder Hilfsbereitschaft in Gesellschaften und Systeme tragen und sie dort ausbreiten. Zum anderen werden Werte aus der Not heraus wieder bedeutsam. „Not macht erfinderisch“, heißt es nicht zu unrecht. Unsere Aufmerksamkeit konzentriert sich dann ganz auf unsere unmittelbaren Bedürfnisse und Möglichkeiten. Und entdeckt dort vielleicht längst vergessene Werte, wie z.B. Bescheidenheit wieder.

Worauf wir „Wert“ legen, verändert sich …

Wer das System ändern kann? Jeder und jede! Weil jede/r SICH ändern kann!

Wussten Sie schon, dass nach nur 21 Tagen der Wiederholung einer bestimmten Verhaltensweise diese zur Gewohnheit wird? So lange brauchen wir, um unser Gehirn umzuprogrammieren. Und schon nach 90 Tagen wird eben diese Gewohnheit zu einer Haltung. So schnell kann Veränderung gehen.

„Do it for 21 days and it becomes a habit. Do it for 90 days and it becomes a lifestyle."

Oder das System verändert Sie!

Das kann leicht passieren, wenn wir uns die aktuelle Situation und Entwicklungen in der Welt ansehen.

Werte wirken immer und überall. Solange sie in einem System erwünscht und willkommen sind, ist das für alle Beteiligten positiv. Manchmal allerdings entwachsen wir erlernten Wertvorstellungen oder wir beginnen sie zu hinterfragen. Einfach so. Weil sie plötzlich nicht mehr zu passen scheinen. Weil sie beispielsweise nicht mehr unseren Bedürfnissen entsprechen. Wie das etwa in der Pubertät vorkommt, wo der Wunsch nach Schutz und Sicherheit dem Drang nach Selbstwirksamkeit und Autonomie weicht. Oder wenn uns ein Lebensereignis dazu zwingt, uns von Grund auf zu hinterfragen und neu zu orientieren – z.B. durch den Verlust eines geliebten Menschen, eine Krankheit oder durch einen anderen Schicksalsschlag. Nicht immer ist das angenehm für das System, dessen Werte wir dann nicht mehr teilen. Oft ändert es sogar die Ordnung des gesamten Miteinanders massiv. Wenn ich mich und meine Position im Gefüge verändere oder gar meinen Platz gänzlich verlasse, hat das immer Auswirkungen auf alles und jeden um mich herum – ob beabsichtigt oder nicht.

Wenn ein Zahnrädchen nicht mehr am System mitarbeitet, kann ein ganzes Uhrwerk plötzlich stillstehen.

Und dann ist eine Krise nicht mehr weit.

Ronald Inglehart geht davon aus, dass zwei Aspekte besonders auf die Bildung und Entwicklung von Werten Einfluss haben: Zum einen fußen Ingleharts Theorien auf der Annahme, dass Werte in erster Linie in der Kindheit ausgeprägt werden. Und dann so gut wie unveränderlich sind. Vor allem das Elternhaus und das familiäre Umfeld haben einen entscheidenden Einfluss darauf, was wir wertschätzen und welche Ziele wir im Leben verfolgen.

Aber dann gibt es da noch den „Mangel"! So hat der Mensch grundsätzlich immer die stärksten Bedürfnisse, wenn manches im Moment nicht oder nur knapp verfügbar ist. Das wird einem dann ganz besonders bewusst, wenn etwas fehlt. Was vor allem in Krisen immer wieder passiert.

Und eine solche haben wir ja jetzt (wieder einmal) ...

Stichwort „Corona"!

Egal, ob Panikmache oder auf Fakten basierte Wahrheit – das Thema ist längst mehr als spürbare Realität geworden. Auch weil es ja bald die Mehrzahl aller Menschen auf unserem Erdball beschäftigt und in Folge betrifft. **Es bahnt sich daher an, dass wir den größten bzw. intensivsten und schnellsten Wertewandel der Menschheitsgeschichte erleben werden.** Wobei – das Klein-Klein früherer Jahre erscheint dabei momentan völlig trivial. Viel größere Fragen stehen im Raum: Es geht um Leben und Tod! Im Angesicht der Corona-Pandemie entscheiden sich Gesellschaften rund um den Globus für das Leben – auch wenn der Preis bislang kaum abschätzbare Wohlstandsverluste sein mögen. Auf dem Spiel stehen Unternehmen, die Existenzen von vielen Millionen Menschen, die Solvenz ganzer Staaten. Wir nehmen diesen Preis in Kauf. Die Corona-Erfahrung verändert unser Selbstbild als Gesellschaften und die Erwartungen, mit denen wir einander begegnen. Und natürlich auch unsere Werte:

Auf wertesysteme.de werden seit vielen Jahren Umfragen zu persönlich wichtigen Werten der Leser (bisher 3,2 Mio. Seitenzugriffe von 1,3 Millionen Menschen) gemacht. Die daraus gewonnenen Daten werden dann mit Suchanfragen aus Google, der Suchanfrage innerhalb der Webseite und den Statistiken von „Google Trends“ kombiniert. Damit können Tendenzen ausgemacht werden, welche Werte im gesamten deutschsprachigen Raum von Interesse sind. Seit Ausruf der „Pandemie“ haben sich die Rankings drastisch verändert. Vor allem die Begriffe *„Solidarität, Zuversicht und Verantwortung“* sowie die Artikel *„Tugend“* sowie *„Ethik, Moral und Recht“* werden seitdem viel öfter gesucht und aufgerufen.

Fünf Werte zur Krisenbekämpfung

Die Coronakrise hat uns auf der „Maslowschen Bedürfnispyramide“ (siehe Kapitel 2) sicherlich um zwei Stufen nach unten zurückgeworfen. Individuelle (Entwicklungs-)Werte sind daher momentan aktiv nicht so einfach lebbar oder für viele erstrebenswert – Grundwerte haben Vorrang. Zum Beispiel Sicherheit, Anerkennung oder Vertrauen. Entwicklungs- (Luxus-)Werte – etwa Andersartigkeit, Ästhetik, Toleranz, Höflichkeit (siehe aktueller Umgang miteinander, Stichwort „Maskenpflicht“) – müssen zumeist warten. Erst wenn das „neue Normal“ wieder gesamtgesellschaftlich akzeptiert ist, kehren die Entwicklungswerte zurück.

Maskenpflicht oder Maskenrecht?

Ein Stück Stoff lässt die emotionalen Wellen hochschlagen. Bisher waren es Burka oder Tschador. Jetzt übernimmt das der Mund-Nasen-Schutz. Weil er Abstand erzeugt zwischen Menschen. Zumindest auf den ersten Blick.

Weil er uns verunsichert. Weil er etwas verbirgt. Vor uns. Egal, ob das wie im Fall des Kopftuches etwas Persönliches oder wie bei Corona ein potentiell gefährliches Virus ist. Wir erhalten keinen Einblick mehr hinter die Kulissen unseres Gegenübers. Oder weil wir glauben, nicht mehr hinter diese Kulissen sehen zu können. Und absurderweise fühlen wir uns oft durch diesen Abstand so, als würde man uns nahetreten (siehe Kapitel 4). Als würden wir dadurch angegriffen, weniger selbst gesehen, weniger wertgeschätzt. Das offensichtliche, überdeutliche Zeichen wird offensiv gedeutet. Dabei steckt doch gerade im Wort

„Mund-Nasen-Schutz" schon der wichtigste Hinweis auf den Zweck für beide Seiten – das Wort „Schutz"!

Ich schütze damit jemanden. Sogar mehrere. Ich schütze mich und meine Werte und – ja –, ich schütze auch dich und deine Gesundheit. Angst ist ein schlechter Ratgeber. Und ein noch schlechterer Beweggrund. Sie macht uns kopflos und kurzsichtig. Erst wenn Angst kein Antrieb mehr ist, kann Verantwortung einer werden. Und die ist wertvoll.

Kommunikation und Nähe können gelingen. Wieder gilt „Hinschauen", „Verbindungen schaffen" und „Gemeinsamkeiten erkennen". Und bitte LÄCHELN. ☺

Miteinander reden – „physical distance" JA, „social distance" NEIN!

Wie kommen wir also dort hin, zur „neuen Normalität"?

Da können wir uns durchaus das fast 50 Jahre alte Erklärungsmodell der schweizerisch-amerikanischen Psychiaterin Elisabeth Kübler-Ross (1926–2004) zur Hand nehmen, das die Phasen der Trauer erklärt und durchaus auch in der Krise Gültigkeit hat. Denn Traurigkeit ist ein Gefühl, das möglicherweise auf einen nicht gelebten Wert hindeutet …

Wenn zum Beispiel eine geliebte Person stirbt, entsteht eine tiefe Trauer. Völlig normal! Aber nicht nur dann. Auch die derzeitige (Corona-)Krise sorgt dafür, dass der eine oder andere Wert nicht mehr gelebt werden kann. Oder man ihn sogar verloren glaubt. Doch da kann durchaus gegengesteuert werden. Eben, indem man die fünf Phasen der Trauer – 1. Leugnen, 2. Wut, 3. Verhandeln, 4. Depression, 5. Akzeptanz – mit „heilsamen" Werten begleitet.

Welche Werte können wir nunmehr aktivieren, um die Krise in die berühmte „Chance" zu verwandeln?

Apropos Werte aktivieren ...

Darf ich Sie persönlich um etwas bitten?

Ich bin überzeugt, wer nach Be„rechtigung" schreit, darf seine eigene Be„pflichtigung" nicht vergessen. Im Rahmen seiner/ihrer Möglichkeiten. Ganz ehrlich: Wie sieht Ihre Bilanz aus? Was zahlen Sie ein ins System? An Werten? Zum Beispiel an Respekt, Optimismus, Transparenz, Solidarität, Fairness, Herzlichkeit, Akzeptanz u.v.m.? Und was erwarten Sie sich im Gegenzug? Sind Sie noch im grünen Bereich oder schon in den roten Zahlen? Geben Sie ebenso viel aktiv zurück, wie Sie passiv nehmen? Diese Fragen möge sich jede/r selbst stellen und jede/r selbst beantworten. Wie viel Verantwortung Sie auch in Ihren persönlichen, beruflichen, gesellschaftlichen Beziehungen und Systemen bereit sind zu übernehmen, wie viel Beitrag Sie auch leisten wollen, für einen Menschen und seine Entwicklung haben Sie immer die volle Verantwortung: für sich selbst. Machen Sie was draus! Jetzt! Bitte!

What you think, you become. What you feel, you attract. What you imagine, you create.

Buddha (563–483 v.Chr.) Religionsgründer

Also rein in die Corona-Zeit!

Leugnen: Dieses Virus wird uns nichts anhaben!

Durchaus eine gesunde Schutzreaktion. Manchmal wollen wir einfach nicht wahrhaben, was gerade passiert, dann leugnen wir das Geschehen an sich. In jedem Fall wollen wir in dieser ersten Phase nicht mit den Gefühlen in Kontakt kommen (Hilflosigkeit, Scham, Wut, Trauer, Lust), die die – durchaus manchmal auch traumatische – Situation in uns verursacht hat.

Welcher Wert löst das Leugnen auf? Versuchen wir es doch einmal mit ...

Ehrlichkeit

Vorweg: Leugnen ist menschlich. Denn es schützt uns vor allzu starken Emotionen. Solange diese Phase nicht zu lange anhält, ist das auch völlig normal. Im Deutschen gibt es rund um das Wort „Ehrlichkeit“ zwei Begriffe: Wahrheit und Wahrhaftigkeit. Beide liegen ja bekanntlich immer im Auge des Betrachters. Nun, nicht ganz. Wahrheit beschreibt eine Tatsache, eine gesetzte Handlung, ein Faktum. Jemand hat ein bestimmtes Alter – „Ich bin 41 Jahre alt.“ Einfach beweisbar, wahr, oder? Gefühle sind auch Fakten – sie sind da, oder eben nicht. „Ich fühle mich manchmal wie 28.“ Das Gefühl orientiert sich aber keineswegs immer an Fakten. Trotzdem ist es „wahrhaftig“. So kann ich wahrhaftig Angst oder Einsamkeit empfinden, auch wenn objektiv keine Gefahr besteht oder ich mich in der Realität unter Menschen aufhalte.

Damit will ich sagen, Ehrlichkeit sagt noch nichts über Wahrheit aus. Und sie beginnt – ehrlicherweise – bei uns selbst. Aber bemühen wir sie nicht oft, um uns die Realität so hinzubiegen, wie sie unseren „ehrlichen“ Gefühlen entspricht? Z.B. wenn wir unsere eigene Meinung aufrichtig kundtun möchten? Anders gesagt, wir teilen gerne aus, können aber selten gut einstecken. Besonders dann, wenn das, was wir hören, unangenehme Gefühle erzeugt. Dann doch lieber leugnen, oder? Nein, denn ohne Ehrlichkeit keine Krisenbewältigung. Also, gehen wir's an.

ÜBUNG

Ehrlich? Ist das wahr?

Eine wunderbare Übung, um mit Ehrlichkeit der Wahrheit auf die Spur zu kommen, hat die US-amerikanische Lehrerin Byron Katie (geb. 1942) gefunden. Mit ihrer Anleitung *The Work* beginnt der Weg zu mehr Klarheit und zum Abbau innerer Widerstände. Dazu verwendet sie Fragen und Umkehrungen.

Untersuchen Sie eine Aussage, indem Sie vier Fragen und die Umkehrung anwenden. Verzichten Sie auf jede Aussage, die mit „aber“, „weil“ oder „und“ beginnt. Gehen Sie jeweils mit nur einer einzigen negativen Überzeugung durch den Untersuchungsprozess.

Z.B. Ich bin der Meinung, die Covid-19-Pandemie-Hysterie ist völlig übertrieben.

Nun fragen Sie sich:

1. Ist das wahr?
2. Kannst du mit absoluter Sicherheit wissen, dass das wahr ist?
3. Wie reagierst du, was passiert, wenn du diesen Gedanken glaubst?
4. Wer wärst du ohne den Gedanken?

Wenn alle Fragen beantwortet sind, drehen Sie Ihre Aussage um.

Dann würde sie z.B. lauten:

Die Covid-19-Pandemie-Hysterie ist völlig *unter*trieben. Oder: Meine Meinung über die Covid-19-Pandemie-Hysterie ist völlig übertrieben.

Wenn Sie sich die Umkehrungen wie einen Spiegel vor Augen halten, dann erkennen Sie sich selbst – ganz ehrlich!

Für eine ausführliche Anleitung zu *The Work* von Byron Katie besuchen Sie z.B. www.thework.com oder erarbeiten dieses Worksheet:
https://thework.com/wp-content/uploads/2019/07/jyn_de_14jul2019_a4.pdf

Und nun versuchen Sie es bitte mit eigenen Aussagen, die Sie dann den oben angeführten vier Fragen und anschließend der Umkehrung unterziehen.

Ehrlichkeit ist gut! Kombiniert mit Rücksichtnahme auf sich selbst und andere ist sie unschlagbar! Am besten gelingt das unter folgenden Voraussetzungen:

- Beginnen Sie mit der Wahrheitsfindung bei sich selbst.
- Sehen Sie die Dinge so, wie sie sind (nicht so, wie Sie sie gerne hätten).
- Nehmen Sie niemandem die Wahrhaftigkeit seiner/ihrer Gefühle. Auch nicht sich selbst.

„Zu sich selbst vollkommen **ehrlich** zu **sein**, ist eine gute **Übung**."

Sigmund Freud (1856–1939)
österreichischer Psychoanalytiker

„Jeder ehrliche Mensch wählt lieber den Verlust seiner Ehre als den Verlust seines reinen Gewissens."

Michel de Montaigne
(1533–1592)
französischer Philosoph

Erkenne dich selbst, ganz ehrlich.

Mit dem Beginn der Ehrlichkeit endet das Leugnen. Und dann entstehen Gefühle. In Krisen meistens große Angst, Wut oder Trauer. Phase 2 beginnt.

Wut: Warum schränkt man meine Freizeitaktivitäten ein?

Wir sind jetzt in der Reaktionsphase. Schuldgefühle werden entwickelt und/oder wir beginnen damit, einen Schuldigen zu suchen. Eine Frage lässt uns nicht los und zwar: **Warum ich?**

Gegen Wut helfen wohl am besten ...

Besonnenheit und Achtsamkeit

„Von Sinnen zu sein" bedeutet (sehr) aufgeregt, verwirrt sein und sich infolgedessen irrational verhalten. Um sich wieder zu besinnen, hilft es, entstandenen Gefühlen Raum und Beachtung zu schenken. Damit sie sich angenommen fühlen und dann wieder Platz machen für vernünftiges Denken.

ÜBUNG

Hallo Gefühl, schön, dass du da warst!

Wenn die Gefühle mal da sind, lassen sie sich nicht einfach wegdiskutieren.

Nehmen wir an, Sie sind wütend, weil Sie Ihren geplanten Urlaub nicht antreten können. Fokussieren Sie sich auf Ihre Körperwahrnehmungen. Was spüren Sie?

Was übermitteln Ihnen Ihre Sinne?

Was nehmen Sie wahr? Z.B. Druck in der Brust? Kribbeln, Verspannung im Nacken? Beobachten Sie sich aufmerksam ohne Widerstand oder Ablenkung. Und nun nehmen Sie Kontakt mit dem Gefühl auf, das Sie wahrnehmen, z.B. mit der Wut. Und versetzen sich in folgende Situation:

Sie öffnen der Wut innerlich die Tür und sagen gedanklich (oder laut, da ist es noch wirkungsvoller) zu ihr: „Hallo Wut. Schön, dass du vorbeikommst! Komm rein."

Die Wut soll nun erzählen, was sie gerade bewegt. Hören Sie ihr zu, fragen Sie sie, was Sie mit ihr anfangen sollen, lassen Sie die Wut sich richtig aufregen. Und sagen Sie ihr gerne, dass sie okay ist, so wie sie ist und dass Sie nichts gegen sie haben. Dann bedanken Sie sich für ihre Geschichten und Botschaften und – WICHTIG – bringen die Wut wieder zur Tür. Fordern Sie sie nicht auf zu bleiben! „Danke, dass du da warst, Wut." Tür zu, fertig!

Sie werden sehen, es passiert etwas sehr Interessantes: Das Gefühl, in diesem Fall die Wut, zieht weiter. Sie wollte nur gehört, gesehen, angenommen werden. Achtsam und mit allen Sinnen. ☺

Achtung, wenn wir Gefühle ignorieren, rutschen wir wieder in die Phase der Leugnung zurück. Abgelehnte Gefühle werden immer wieder einen Weg suchen, sich Gehör zu verschaffen.

Unangenehme Gefühle einfach reinlassen und ihnen direkt zeigen, wo der Ausgang ist!

Wenn wir die erste emotionale Achterbahnfahrt hinter uns haben, geht's an die ernsthafte Auseinandersetzung.

Verhandeln: Wenn ich 14 Tage in Quarantäne bleibe, wird alles wieder gut!

Ab sofort wird „bearbeitet"! Wir beginnen uns langsam von alten Bedürfnissen zu lösen. Man könnte diese Zeit auch als Einsichtsphase beschreiben, in der wir den Sinn des Geschehens zu verstehen beginnen.

Hilfreich bei der Abwägung der ethischen und energetischen Kosten ist in jedem Fall ...

Flexibilität

Sich anpassen zu können an wechselnde Bedingungen und neue Begebenheiten, erleichtert uns das Leben oft ungemein.

Flexibilität bedeutet zudem die Offenheit für neue Perspektiven und Methoden – die Bereitschaft, seinen fixen Standpunkt, bequeme Gewohnheiten oder bekannte Denkmuster auch mal zu verlassen. Wer flexibel ist, lässt sich auf unbestimmte Situationen ein und findet Mittel und Wege, um zu einem guten Ergebnis zu kommen.

ÜBUNG

Immer flexibel bleiben!

Ein flexibler Geist steckt in einem flexiblen Körper. Na dann:

Das wichtigste Prinzip, um schnell flexibler zu werden, ist ... loslassen. Wer hätte das gedacht?

Von den unzähligen wunderbaren Dehnübungen, die zur Gelenkigkeit beitragen und die alle sehr empfehlenswert sind, möchte ich hier nur eine erwähnen, die Sie hoffentlich schnell in Schwung bringt und Lust auf Flexibilität macht: „Move your hips!"

Stellen Sie sich entspannt hin und pendeln Sie zuerst mit dem einen, dann mit dem anderen Bein seitlich hin und her.

Nun lassen Sie Ihre Hüften kreisen wie Shakira, einmal rechts herum, dann links herum. Achten Sie dabei darauf, kein Hohlkreuz zu machen. Es ist ganz normal, dass anfangs die eine Richtung einfacher fällt als die andere. Mit der Zeit legt sich das und beide gelingen gut. Achtung: Die Übung sollte sanft durchgeführt werden. Trainieren Sie niemals in den Schmerz oder eine Gelenkblockade hinein.

Na, schon in Schwung?

Und jetzt werden wir geistig beweglich – durch „Wortverwandlung" (Übungsanlehnung an Gesellschaft für Gehirntraining e.V.).

Aus dem oberen Wort soll schrittweise das untere Wort entstehen. Man darf dazu in jeder Zeile aber jeweils nur einen Buchstaben verändern und zwar so, dass bei jedem Schritt immer ein sinnvolles Wort entsteht.

Beispiel: MANN
WANN
WENN
WEIN
WEIB

Der Mann verwandelt sich also in ein Weib.

So, jetzt Sie – immer in vier Schritten:

Wie kommt das Kalb nach Bali? KALB usw.
Ist doch Bart bis Hose! BART usw.
Der Biss muss auf die Haut. BISS usw.

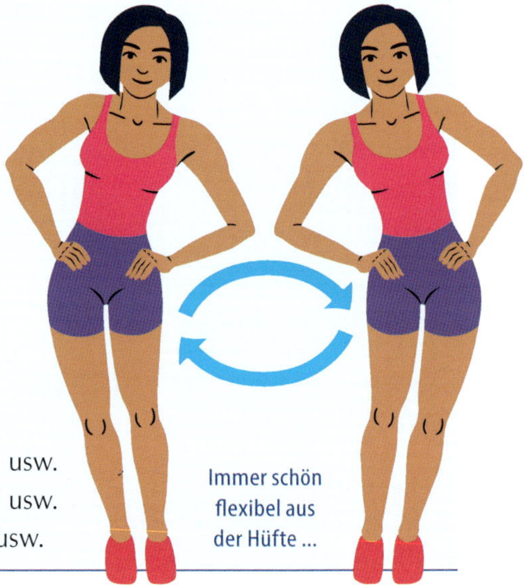

Achtung Jokerwert: Ausgewogenheit!

Okay, eine Veränderung wird also unausweichlich passieren. Etwas soll oder wird größer, schneller, billiger, schwieriger oder einfach anders werden.

Erinnern Sie sich noch an das Spannungsfeld zwischen den beiden Polen der Gegenwerte (siehe Kapitel 1)? Daran, dass beide einander bedingen? Und daran, dass in beide Energie gesteckt werden muss, wenn man einen davon verändern will?

Denken Sie beim „Verhandeln" und Neugestalten Ihrer Wertvorstellungen stets daran, wie Sie den Gegenwert einer sich verändernden inneren Haltung entlasten oder stärken müssen, damit kein Ungleichgewicht zwischen den Polen entsteht.

Wer weniger Solidarität zu bieten hat, kann im Gegenzug auch weniger Individualität einfordern. Mehr Flexibilität braucht anderswo stärkere Stabilität. Kein Nutzen ohne Kosten.

Nur durch Ausgewogenheit gibt es auf beiden Seiten Gewinner und es entsteht keine wert-energetische Unterversorgung oder gar „Schulden".

Ausgewogenheit eignet sich nicht nur in Krisen, sondern auch in Konflikt-, Feedback- oder anderen möglicherweise spannungsgeladenen Situationen – ein echter Jokerwert!

Ohne „Gegenüber" bewegt sich nichts.

Sie haben schon einen Großteil des Weges durch die Krise bewältigt. Doch irgendwann geht uns scheinbar die Kraft aus. Und wir kommen nicht mehr weiter. Durchhalten!

> „Kurz bevor die Sonne aufgeht, ist die Nacht am Dunkelsten."
>
> *Selma Lagerlöf (1858–1940)*
> *schwedische Schriftstellerin*

Depression: Wann wird das wieder besser? Ich kann nicht mehr!

Ab einem gewissen Zeitpunkt trauen sich viele Menschen nicht, die neu gewonnenen Erkenntnisse und Einblicke in ihrem Leben bewusst und sichtbar werden zu lassen. Der persönliche Reifungsgewinn wird sich nicht erlaubt. Und doch zeigt sich gerade hier, ob eine **Krise als Chance** für die eigene Entwicklung wahrgenommen werden kann.

Wenn wir uns klein und unsicher fühlen, wenn alles zu schwer und eng erscheint, wenn wir uns nicht erlauben können, den entscheidenden Schritt zu wagen, dann kann uns ein großer, wunderbarer Wert die Last (er-)tragen helfen:

Freiheit

Wissen Sie, wer wirklich frei ist? Der Wind. Dabei besteht er doch nur aus Luft. Außerdem fragt er gar nicht nach Erlaubnis. Er weht einfach, wohin er möchte. Und wissen Sie, wer noch frei ist? Unsere Gedanken, wenn wir sie lassen. Mehr noch, wir dürfen so viel mehr als wir glauben. Wenn wir nicht mehr „müssen". Denn Freiheit ist doch einfach die Möglichkeit, ohne Zwang zwischen unterschiedlichen Möglichkeiten auszuwählen und entscheiden zu können. Wenn wir uns zur Veränderung entscheiden, klappt sie viel leichter.

ÜBUNG

Ich muss nicht müssen!

Sprache wirkt nach außen und nach innen. Immer wenn wir etwas sagen, sagen wir es sowohl zu unserem/r Kommunikationspartner/in als auch zu uns selbst. „Ich muss noch schnell einkaufen gehen." „Ich muss jetzt arbeiten." „Ich muss aufhören zu rauchen." Stellen Sie sich vor, Sie müssen all das nicht! Aber Sie können! Und Sie dürfen. Und vielleicht wollen Sie sogar! So viele Möglichkeiten, so wenige echte Zwänge. Die meisten davon sind nur in unseren Köpfen. Drehen Sie den Spieß um und ersetzen Sie bewusst immer, wenn Sie sich dabei ertappen, das Wort „Müssen" durch „Wollen", „Dürfen" und „Können". Kleine Wörter machen oft einen großen Unterschied. Und besonders in Zeiten wie diesen bin ich froh, dass ich arbeiten „darf", „kann" und glücklicherweise sogar „will". ☺

Mich frei wie der Wind fühlen – das darf ich!

Akzeptanz: Das Virus wird ab sofort Teil unseres Lebens sein – wir müssen mit ihm leben und wir können mit ihm umgehen!

Jetzt heißt es herauszufinden, wie man weitermacht. In der Akzeptanz liegt die Kraft verborgen. Das Geheimnis besteht nicht darin, „von etwas weg", sondern „auf etwas hin zu steuern". Sich die Zukunft positiv zu denken und zu gestalten. Und zwar mit ...

Zuversicht

Mit ein wenig Zuversicht halten wir den Kurs auf ein positives Ergebnis.

In der Zuversicht liegt das Vertrauen, dass etwas Gutes passieren wird. Sie gibt uns Kraft, Aussicht und stimmt uns optimistisch.

„Du bist so jung wie deine Zuversicht, so alt wie deine Zweifel."
Albert Schweitzer (1875–1965
deutsch-französischer Arzt

Mit guten Aussichten nach vorne blicken

ÜBUNG

Hände hoch!

Unser Körper hilft uns gerne, in eine zuversichtliche Stimmung zu kommen, indem wir eine sogenannte „Power-Pose" einnehmen. Das verbessert die Haltung und gibt nach innen ein Signal ab, dem der Körper seine biochemischen Reaktionen anpasst. Lächeln lässt das Gehirn z.B. Glückshormone erzeugen. Alles, was uns glücklich macht, strebt nach oben! Probieren Sie's aus. Strecken Sie die Arme kraftvoll nach oben und rufen laut „Hurra"! Gleich noch mal und gleich noch mal! Na, wenn das nicht zuversichtlich stimmt. ☺

Also raus mit den Werten, dann klappt's auch mit der Veränderung!

Und was bekommen Sie für Ihre Bemühungen? Was gibt's für Ihren Einsatz zu gewinnen?

Am Ende Ihrer wertvollen Reise durch die Phasen von Krisen und Trauer werden Sie mit neuen weiterentwickelten Fähigkeiten und gestärkt durch Erfahrungen selbstbewusster sein. Und stolz darauf, welche Hürde Sie gemeistert haben. Belohnt werden Sie mit einem wunderbaren Ergebnis-Wert: Resilienz.

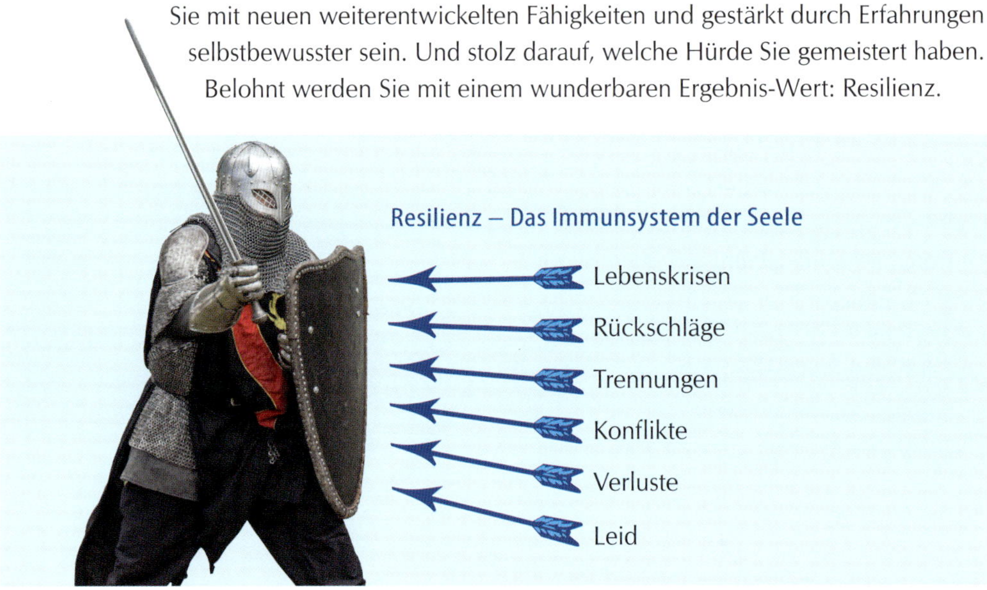

Die Krise ist also auch eine Chance!

Und es steckt durchaus Positives auch im Corona-Dilemma: Wem tat sie nicht gut, die unglaubliche Entschleunigung, zu der wir gezwungen wurden? Wem gefällt nicht die Rückbesinnung auf lokale und regionale Wertschöpfung? Oder die Treffen mit Freunden und Nachbarn wertschätzen, die durchaus Großevents und Partys ersetzen können. Groß ist plötzlich auch die Dankbarkeit für selbstverständlich geglaubte Dinge (z.B. fließendes Wasser, Strom). Oder den bewussten Spaziergang mit der Familie. Machen Sie sich Ihre Werte bewusst. Aktivieren Sie sie, zeigen Sie sie, teilen Sie sie und schätzen Sie sie!

Denn Werte bedeuten Lebensqualität – und machen Ihr Dasein bewusst zum Wert-sein!

... was wird bleiben?

Schreiben Sie über wertvolle Momente. Schreiben Sie auch Wünsche für die Zeit nach Corona auf. Denn wenn die Systeme wieder vollständig hochgefahren werden, wird uns der Alltag (schnell) einholen. Doch unsere Wünsche und Träume werden uns die Kraft geben, die Welt neu zu gestalten. Sammeln Sie Ideen, wie Sie die Welt anders gestalten würden. Alles Aufgeschriebene wird uns daran erinnern, wie wir uns damals fühlten. Damals, als ein winziges Virus die Menschheit in die Knie zwang.

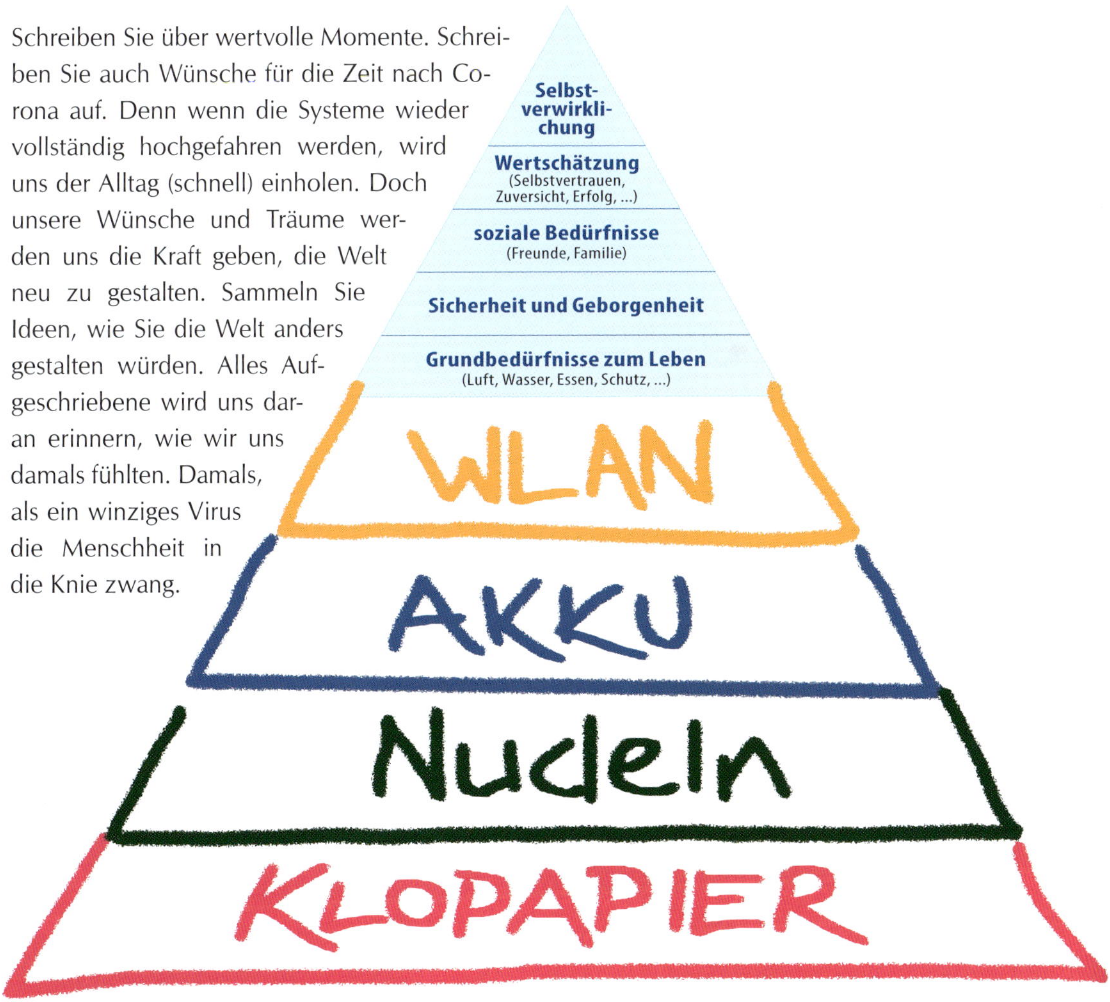

Die „Coronapyramide" ☺

Anhang

Wert-Schätzchen

Wie immer gibt's noch ein paar Kleinigkeiten am Schluss, die ich zwar unbedingt noch erwähnen möchte, die aber in keinem Kapitel so richtig Platz gefunden haben. Trotzdem halte ich Sie für wissens-wert. Deshalb hier noch ein paar kleine Wertschätzchen für Ihre Weiterreise. Also, zu guter Letzt ...

Mutausbruch – die Mindbuster sind los

Über Werte schreiben genügt mir leider nicht. Ich muss auch noch darüber reden. Und weil ich tolle Kollegen habe, mit denen ich motivierende Werte teile, rede ich nicht allein drüber. Dr. Roman F. Szeliga, Markus Gull und ich sind – die Mindbusters. Wir wollen eine Mut-Bewegung anstoßen, mehr Freude, Leichtigkeit, Optimismus und Humor verbreiten. Wenn alle Welt im Drama versinkt und viele, viele grübeln, wie denn die sogenannte „neue Normalität" aussehen könnte und was Corona, Quarantäne und Shutdown alles mit uns machen. Starten wir die Gegenoffensive und sagen: Was machen wir? Was macht das für uns?

Und so machen wir das Allerbeste draus.

Für uns – und für alle anderen auch.

Mehr über uns finden Sie unter
www.mindbusters.at
(QR-Code siehe Seite 82.)

Man sollte viel öfter einen Mut-Ausbruch haben!

Werte-Hochkonjunktur

Ich bin zutiefst davon überzeugt, dass Sie zur Steigerung eines Werts, also um mehr davon zu generieren, sei es in Qualität oder Quantität, diesem auch mehr Energie und Aufmerksamkeit widmen müssen. Mit anderen Worten: Andere Werte zu bekämpfen, sie kleiner zu machen oder gering zu schätzen, steigert nicht Ihren Wert. Erst wenn Sie sich auf das konzentrieren, was Sie wollen und was NICHT, kann das Wertebarometer steigen und es können sich Erfolg, postive Anziehungskraft und Zufriedenheit einstellen.

Und bitte Finger weg von Werte-Vergleichen! Die machen nur unglücklich. Werte sind unvergleichlich!

Wenn Sie dafür statt dagegen arbeiten, klappt's auch mit dem Wert!

Zufalls-Wert

Wie eine positive Bewegung, eine Aufwärtsspirale entstehen kann und wie Sie sie in Gang setzen, hat die von mir sehr bewunderte Kommunikationsexpertin Vera F. Birkenbihl (1946–2011) einst beschrieben. Sie hat die Bewegung als „Random acts of kindness“ bezeichnet. Birkenbihl beschreibt einen Mann, der mit seinem Freund spazieren geht und scheinbar ohne Grund in regelmäßigen Abständen Münzen auf die Straße fallen lässt. Der Freund fragt ihn, was er da macht, und der Mann meint: „Freut es dich nicht auch, wenn du eine Münze auf der Straße oder im Einkaufswagen findest? Und bist du dann nicht auch gleich besser gelaunt? Und gibst du diese Laune dann nicht gerne weiter und bist damit plötzlich großzügiger, einfach weil dir etwas Nettes passiert ist?“

So einfach lassen sich Freude und gute Laune in die Welt bringen.

Die Übung lässt sich auch wunderbar mit Werten machen. Nehmen Sie sich einfach einen beliebigen Wert – öfter mal was Neues – und senden Sie ihn in die Welt hinaus. Zum Beispiel ein herzliches Danke, unaufgeforderter Respekt, ehrliche Freundlichkeit, verbindender Humor ... und Sie werden sehen, Sie schlagen damit wunderbare Wellen. ☺

Hier der originale Vortrag von Vera Birkenbihl:
https://www.youtube.com/watch?v=buvtrDNulPY

Random acts of value – wert-wirkungsvoll

Egal, welchen Wert Sie in die Welt tragen wollen. Er wird gut sein und guttun. Keine Angst!

Die Angst verhindert nicht den Tod. Die Angst verhindert das Leben!

So, jetzt aber genug der Nach-Werte. Danke, dass Sie mir Ihre wertvolle LeserInnen-Zeit und Ihr Interesse geschenkt haben. Und danke, dass ich meine Werte mit Ihnen teilen durfte.

Mit wertvollen Grüßen
Sigrid Tschiedl

Werteliste mit Unterbegriffen

Abenteuer

Achtsamkeit

Agilität
- Vitalität
- Regsamkeit

Aktivität
- Eifer

Aktualität
- Gegenwärtigkeit

Akzeptanz
- Verständnis
- Gutheißung

Altruismus
- Selbstlosigkeit
- Edelmut
- Uneigennützigkeit
- Barmherzigkeit

Andersartigkeit
- Eigenart
- Unterschiedlichkeit
- Verschiedenheit

Anerkennung
- Zustimmung
- Verehrung
- Würdigung

Anmut
- Grazie
- Anziehungskraft

Ansehen
- Geltung
- Achtung
- Niveau

Anstand
- Moral
- Betragen
- Zurückhaltung

Ästhetik
- Geschmack
- Schönheitssinn

Aufgeschlossenheit

Aufmerksamkeit
- Beteiligung
- Konzentration
- Beachtung
- Augenmerk

Ausdauer

Ausgeglichenheit
- Seelenruhe
- Gleichklang
- Stabilität

Ausgewogenheit
- Gleichgewicht
- Balance

Authentizität
- Echtheit
- Glaubhaftigkeit
- Unverfälschtheit

Begeisterung
- Faszination
- Euphorie
- Enthusiasmus

Beharrlichkeit
- Beständigkeit
- Durchhaltevermögen

Bescheidenheit
- Zurückhaltung
- Einfachheit
- Anspruchslosigkeit
- Schlichtheit

Besonnenheit
- Vernunft
- Einsicht
- Umsicht
- Vorausschauend sein

Dankbarkeit

Demut
- Bereitschaft
- Gehorsam
- Ergebenheit
- Anspruchslosigkeit

Disziplin
- Anstand
- Zurückhaltung

Effektivität
- Wirksamkeit
- Leistung

Effizienz
- Systematik
- Konstruktivität

Ehrlichkeit

Empathie
- Anteilnahme
- Mitleid
- Einfühlungsvermögen

Entscheidungsfreude

Fairness
- Unparteilichkeit
- Korrektheit
- Anständigkeit

Fleiß
- Arbeitseifer
- Tatkraft
- Emsigkeit
- Ehrgeiz

Flexibilität
- Anpassungsfähigkeit

Freiheit
- Autonomie
- Ungebundenheit

Freude
- Zufriedenheit
- Heiterkeit
- Lebenslust

Freundlichkeit
- Wertschätzung

Frieden
- Eintracht
- Einigkeit

Fröhlichkeit
- Heiterkeit
- Unbekümmertheit
- Wohlbehagen
- Frohsinn

Fürsorglichkeit

Geduld
- Ausdauer
- Langmut
- Durchhaltevermögen

Gelassenheit

Gemütlichkeit

Gerechtigkeit

Gesundheit

Glaubwürdigkeit
- Glaubhaftigkeit

Großzügigkeit

Güte
- Milde
- Sanftmut
- Nachsicht

Harmonie
- Einklang

Herzlichkeit
- Wohlwollen

Hilfsbereitschaft
- Entgegenkommen
- Einsatzbereitschaft

Hingabe
- Einsatz

Hoffnung

Höflichkeit
- Zuvorkommenheit

Humor
- Esprit
- Heiterkeit

Idealismus
- Engagement
- Passion

Individualität
- Eigenart
- Charakter
- Unterscheidbarkeit

Innovation
- Neugestaltung

inspirierend sein
- initiierend
- anreizend
- beflügelnd
- ermunternd

Integrität
- Rechtschaffenheit
- Tugendhaftigkeit
- Anständigkeit

Intelligenz

Interesse
- Beachtung
- Neugierde

Intuition
- Erkenntnis
- Vermutung
- Gespür
- Ahnung
- Instinkt
- Eingebung

Klugheit
- Scharfsinn
- Kenntnis
- Vernunft
- Intellekt

Konfliktfähigkeit

Konsequenz
- Entschlossenheit
- Bestimmtheit
- Beständigkeit

Konservativismus

Kontrolle

Kreativität
- Einfallsreichtum
- Ideenreichtum
- Erfindungsgabe

Leichtigkeit
- Mühelosigkeit

Leidenschaft
- Einsatz
- Engagement
- Passion
- Enthusiasmus
- Elan

Liebenswürdigkeit

Loyalität
- Beständigkeit

Mitgefühl

motivierend sein
- fördernd
- anspornend
- aufbauend
- bekräftigend

Mut

Nachhaltigkeit
- Umweltbewusstsein
- Beharrlichkeit

Nächstenliebe
- Menschlichkeit
- Humanität
- Barmherzigkeit

Neutralität
- Sachlichkeit
- Objektivität

Offenheit
- Echtheit
- Zugänglichkeit
- Freimut
- Vorurteilslosigkeit

Optimismus
- Zukunftsglaube
- Lebensbejahung

Ordnungssinn
- Organisiertheit
- Systematik
- Strukturiertheit
- Methodik

Pflichtgefühl
- Beständigkeit
- Gewissenhaftigkeit
- Ethos

Phantasie
- Vorstellungskraft
- Ideenreichtum
- Improvisation

Pragmatismus
- Sachbezogenheit
- Realitätsnähe
- Bodenhaftung

Präsenz
- Beteiligung
- Reichweite
- Ausstrahlung

Präzision
- Genauigkeit
- Klarheit

Professionalität
- Erfahrung
- Sachverstand

Pünktlichkeit

Realismus

Redlichkeit

Resilienz
- Resistenz
- Selbstbehauptung
- Immunität
- Robustheit
- Lebenskraft
- Widerstandsfähigkeit

Respekt

Rücksichtnahme
- Verständnis

Ruhe

Sanftmut
- Milde

Sauberkeit
- Reinlichkeit
- Übersichtlichkeit

Selbstbestimmtheit
- Autonomie
- Selbstständigkeit

Selbstdisziplin
- Selbstbeherrschung

Selbstvertrauen
- Souveränität
- Festigkeit

Sensibilität
- Empfindlichkeit
- Feingefühl
- Taktgefühl

Seriosität
- Glaubhaftigkeit
- Ernsthaftigkeit
- Sachlichkeit

Sicherheit

Solidarität
- Einklang
- Verbundenheit
- Zusammenhalt

Sorgfalt
- Genauigkeit
- Bedachtsamkeit

Sparsamkeit
- Wirtschaftlichkeit
- Mäßigung

Standfestigkeit
- Unerschütterlichkeit
- Zähigkeit
- Durchhaltevermögen

Sympathie
- Wertschätzung
- Zuwendung

Tapferkeit
- Courage
- Rückgrat
- Unerschrockenheit

Teamgeist

teilen können

Toleranz

Tradition

Transparenz
- Klarheit
- Eindeutigkeit
- Überschaubarkeit

Treue

Tüchtigkeit
- Tatendrang
- Eifer

Unabhängigkeit
- Autonomie
- Eigenständigkeit
- Selbstbestimmung

Unbestechlichkeit
- Ehrbarkeit

Verantwortung
- Gewissenhaftigkeit
- Moral

Verbindlichkeit

Verlässlichkeit

Vertrauen
- Zutrauen
- Überzeugung

verzeihen können
- vergeben
- nachgeben
- begnadigen
- entschuldigen

Vielfalt
- Bandbreite
- Mannigfaltigkeit
- Reichhaltigkeit
- Universalität

Wachsamkeit
- Konzentration
- Vorsicht
- Obacht
- Beobachtung

Weisheit
- Erkenntnis
- Urteilsfähigkeit
- Reife
- Souveränität

Weitsicht
- Umsicht
- Vorausdenken
- Bedacht

Würde
- Fassung
- Gleichgewicht
- Niveau
- Zurückhaltung

Zielstrebigkeit
- Entschlossenheit
- Willensstärke

Zuneigung
- Herzenswärme
- Wertschätzung
- Verbundenheit

Zuverlässigkeit
- Korrektheit
- Richtigkeit

Zuversicht
- Hoffnungsschimmer
- Trost
- Zukunftsglaube

Weiterführende Links und Bücher

Links:

Beschwingte Werte: Playlist "Songs of Value" https://open.spotify.com/playlist/78D8Jxvl5odyflU1vMg21f?si=9azRJT37TXmXUr_ML6bG2Q

Enzyklopädie der Wertvorstellungen
https://www.wertesysteme.de/

Jung- Persönlichkeitstest
https://www.123test.com/de/Jung-Pers%C3%B6nlichkeitstest/

Jesus Catoon
https://www.lehrer-online.de/artikel/fa/cartoon-der-woche-hallenbad/

All that we share
https://www.youtube.com/watch?v=i1AjvFjVXUg

Karl Gaulhofer So klappt es auch mit den Feinden
https://www.diepresse.com/5610023/so-klappt-es-auch-mit-den-feinden

Die Friedensbotschaft des Hackbällchens
https://www.facebook.com/ZEITmagazin/photos/a.387396646926.176822.327602816926/10154722752271927/

Experiment: einem fremden in die Augen schauen
EYES OF A REFUGEE / LES YEUX D'UN RÉFUGIÉ
https://www.youtube.com/watch?v=CXZxhojYOYc

Übung zu Ehrlichkeit und Wahrheit "Urteile über deinen Nächsten"
https://thework.com/wp-content/uploads/2019/07/jyn_de_14jul2019_a4.pdf

Bücher/Personen:

Maya Angelou *Ich weiß, warum der gefangene Vogel singt.* 2018
ISBN-13: 978-3518468975

Vera F. Birkenbihl *Finde deinen Fixstern: Die eigenen Lebensziele erkennen und erreichen.* 2019
ISBN-13: 978-3868829211

Stephen R. Covey *Die 7 Wege zur Effektivität: Prinzipien für persönlichen und beruflichen Erfolg.* 2018
ISBN-13: 978-3869368948

Paul Ekmann *Gefühle lesen: Wie Sie Emotionen erkennen und richtig interpretieren.* 2016
ISBN-13: 978-3827414946

Viktor Emil Frankl *Der Mensch vor der Frage nach dem Sinn: Eine Auswahl aus dem Gesamtwerk.* 1985
ISBN-13: 978-3492202893

Erich Fromm *Authentisch leben.* 2017
ISBN-13: 978-3451069680

Markus Gull *Dann unternimm doch was. – Dein Traum. Dein Unternehmen. Deine Story.* 2019
ISBN-13: 978-1795825481
www.markusgull.at

Reinhard Haller *Das Wunder der Wertschätzung: Wie wir andere stark machen und dabei selbst stärker werden.* 2019
ISBN-13: 978-3833867446

Ronald Ingelhart *Kultureller Umbruch. Wertwandel in der westlichen Welt.* 1995
ISBN-13: 978-3593341538

C.G. Jung *Symbole und Traumdeutung. In: Gesammelte Werke.* 1961 (wieder aufgelegt 2011)
ISBN-13: 978-3843601054

Byron Katie *The Work*
https://thework.com/sites/de/the-work/

Dipl. LSB Thomas Klammer
https://www.startundziel.at/

Abraham H. Maslow – *Motivation und Persönlichkeit.* 1981
ISBN-13: 978-3499173950

Erin Mayer *Die Culture Map: Ihr Kompass für das internationale Business.* 2018
ISBN-13: 978-3527509225

Steven Reiss *Das Reiss Profile: Die 16 Lebensmotive. Welche Werte und Bedürfnisse unserem Verhalten zugrunde liegen.* 2009
ISBN-13: 978-3869360003

Friedemann Schultz von Thun - *Miteinander reden 1-4 (Faltschachtel): Störungen und Klärungen / Stile, Werte und Persönlichkeitsentwicklung / Das „Innere Team" und situationsgerechte Kommunikation / Fragen und Antworten.* 2019
ISBN-13: 978-3499001543

Simon Sinek *Frag immer erst Warum.* 2014
ISBN-13: 978-3868815382

Sigrid Tschiedl *Zum Kotzen: Tagebuch einer Bulimie-Erkrankung.* 2008
ISBN-13: 978-3902552853

Sigrid Tschiedl *KommUNIKATion: Persönlichkeit wirkt einzigartig.* 2011
ISBN-13: 978-3990520000

Sigrid Tschiedl *Körpersprachlich: Wirkung ohne Worte.* 2016
ISBN-13: 978-3990521380

Roman Szeliga *Hirn mit Herz hat Hand und Fuß: Wie Humor und gute Gefühle Ihr Leben verändern.* 2020
ISBN-13: 978-3990501696
www.romanszeliga.at

Paul Watzlawick *Lösungen: Zur Theorie und Praxis menschlichen Wandels.* 2019
ISBN-13: 978-3456860305

Manuela Wenger
www.diewertschaetzerin.at

Dankes-Werte

Dieses Buch ist in einer sehr turbulenten Zeit entstanden. In einer Zeit voller Veränderungen, Konflikte, Widerstände und Krisen – in mir und um mich herum. Eine schwierige Zeit, natürlich nicht nur für mich, auch für so viele andere. Es scheint, als müsse manchmal alles auseinanderbrechen und sich neu zusammenfinden. Als müsse man von Zeit zu Zeit alles hinterfragen, sich seinen größten Ängsten stellen, um zu werden, wer man wirklich ist, sein kann oder werden möchte. Um die eigenen Grenzen zu verschieben und den Horizont zu erweitern. Mehr als einmal hätte ich fast aufgegeben, wären da nicht die Werte – in mir und um mich herum, die mir immer wieder zeigen, wofür es sich lohnt weiterzumachen. Weil es einen Sinn hat, dieses Leben. Einen Sinn, den ich ihm gebe. Indem ich sie lebe – meine Werte.

In dieser schwierigen Zeit habe ich gelernt, besonders dankbar zu sein. Für alles, was ich lernen darf, die Beziehungs-Systeme, die mich wie sichere Netze aufgefangen haben.

Ich durfte sie am eigenen Leib erfahren – die gelebten Werte. Sie sind mir von so vielen wunderbaren Menschen in so vielen verschiedenen Formen geschenkt worden. Sie haben mich getragen, motiviert und inspiriert, meinen eigenen Weg weiterzugehen. Immer Schritt für Schritt, mit den besten Absichten und einem großen Herz, wohin er auch führen mag.

Für all die Werte, die mir während der Entstehungszeit dieses Buches und darüber hinaus im Leben entgegengebracht wurden und werden, möchte ich danke sagen.

Danke für ...

... die Fürsorge, Weisheit, Sicherheit und die unendliche Zuneigung meiner geliebten Eltern Mag. Karl Heinz und Charlotte Tschiedl,

... den Teamgeist und die Professionalität meines lieben Bruders Gerhard Weber,

... die Treue, die Liebenswürdigkeit und die Empathie meiner besten Freundin Mag.ª Dr.in Ingrid Kleinbauer,

... die Kreativität, die Loyalität und die Inspiration meines „Yangs“ Verena Leitner,

... die Herzlichkeit, Leidenschaft und Aufgeschlossenheit der besten Karin König-Gassner,

... die Geduld, Sorgfalt und Flexibilität der großartigen Mag.[a] Hannah Follert,

... die Gesundheit und den Spaß mit und durch Dr. Ramin Divana Nikzad,

... die Hilfsbereitschaft, Großzügigkeit, das Mitgefühl und die Verlässlichkeit von Nadia Oberhuber, Johanna Dürlinger, Dr.[in] Christina Heider, Dr.[in] Birgit Rabl, Sigrid Seicht, Anna Mösslacher, Dr.[in] Renate Stelzl, Alexandra Wenghofer, Birgit Schattbacher, Christiane Fernsebner, Elisabeth Motsch, Jana Nemçova, Irene Rohrmüller und Beate Rohrmüller, diesen wunderbaren inspirierenden Frauen,

... die Zuverlässigkeit und Güte von Greti Ziegler, Anka Ilisković, Markus Wiesbauer und Richard Tschiedl

... den Humor, die Leichtigkeit und den Optimismus von „Mutivator" Dr. Roman F. Szeliga und Margit Szeliga-Schrall

... die Klugheit und Offenheit des Markus Gull,

... die Anerkennung und die Aufgeschlossenheit von Thomas Klammer, Rainer Petek und Helmut Niessl meinen effektiven Business-Sparringpartnern,

... die Phantasie und Freundlichkeit von William Tuckett,

... die Hoffnung und Zuversicht durch Mag.[a] Martina Neumayr,

... das Vertrauen in mich und die Gestaltungsfreiheit durch das Team vom Verlagshaus der Ärzte, Mag. Hagen Schaub, Andrea Karall, Maria Anna Kuzmits und der Grafikerinnen Andrea Malek und Lisa Hahsler,

... die Authentizität, die Aktivität und das Abenteuer mit meinen wundervollen Söhnen Emil, Valentin und Frederick,

... und alle anderen, die mir auf meiner Reise mit ihren Werten begegnen und von denen ich lernen darf.

Wer einen Wert sucht, wird immer einen finden.

Alles Liebe
Sigrid

Autorin

Mag. Sigrid Tschiedl – die Rampen-Frau

WERTE mit Wirkung zu verbinden, Menschen mit ihren Stärken ins Rampenlicht zu rücken – dafür brennt sie! Seit mehr als 20 Jahren ist sie als Regisseurin, Kommunikationstrainerin, Rednerin und Autorin international tätig – mit Charme, Humor ... und vor allem WERTschätzung!

insideOut
communication
www.sigridtschiedl.at

Von der Autorin bisher im Verlagshaus der Ärzte erschienen:

KommUNIKATion:
ISBN: 978-3-99052-000-0
KörpersprachlICH:
ISBN: 978-3-99052-138-0 Preis: jeweils € 19,90

Abbildungsnachweis

APA Picturedesk: 51 (American Masters/courtesy Everett Collection), 65 oben (Carsten Rehder, dpa), 65 unten (Thomas Burg, Action Press), 83 oben (Everett Collection), 83 Mitte (Everett Collection), 83 unten (Everett Collection)

Gull, Markus: 82

Hahsler, Lisa: 49, 64, 121, 125 (unter Verwendung eines Bildes von stux, pixabay)

Husar, Christian: 125

Klammer, Thomas: 112

Leininger, Kurt: 95 (alle)

Malek, Andrea: 3

Mercker H.: 20

Monihart, Philipp: 5, 149, 169

Pixabay: 8 (Edith Lüthi), 13 (Edith Lüthi), 17 (Moritz320), 18 (Keith JJ), 22 (bere69), 25 (Tumisu), 26, 27 Hintergrund (Moritz 320), 28 (Public Domain Pictures), 32 oben (Public Domain Images), 32 unten (Bao_5), 35 (Edith Lüthi), 38 (congerdesign), 40 (Alexas Fotos), 41 (Defence-Imagery), 44 (MarandaP), 46 und 47 (niekverlaan), 58 (Clker-Free-Vector-Images), 59 (Edith Lüthi), 61 (Riyan Hidayaert), 67 oben links (Scott Webb), 67 oben Mitte (SPOTSOFLIGHT), 67 oben rechts (spinechiller), 86 oben (gpalmisanoadm), 88 oben (analogicus), 88 unten rechts (Pezibear), 89 (TBIT), 91 (Edith Lüthi), 99 (rugal_jj), 103 (suju), 104 oben (TheOther-Kev), 104 unten (TRAPHITHO), 105 (Gerd Altmann), 109 (Ri_Ya), 113 (Edith Lüthi), 115 (StockSnap), 119 (leppäkerttu), 130 (10259), 132 (bertomic), 138 (henkpjiper), 139 (Edith Lüthi), 141 rechts (WikiImages), 154 (blickpixel), 155 (Peggy Marco), 156 (Momentmal), 158 (StockSnap), 159 (Gerd Altmann), 160 (G-Lady)

Schaub, Hagen: 87

Seicht, Sigrid: 72

Shutterstock: 55 (Ververidis Vasilis), 67 unten links (G-Stock Studio), 67 Mitte (Viorel Sima), 67 unten rechts (Photoroyalty), 70 (Anastasiya 99), 80 (MEENzFoto), 86 unten (oOhyperblaster), 88 unten links (peterschreiber.media), 90 (Rawpixel.com), 93 (Dmytro Zinkevych), 94 (iurii), 141 links (Kuznetsov Alexey), 142 (Rudenkois), 150 (Golden Sikorka), 152 (Tamara Baleika)

Tschiedl, Sigrid: 14, 30, 56, 68 (alle), 71, 74, 76 (alle), 78 (alle), 97 (alle), 120, 122, 126, 128, 129, 133, 137 (alle), 145

Wikipedia: 23 (Prof. Dr. Franz Vesely), 50 (Adrian Michael), 117 (Harvard University Library)

Iris Pleyer
Michael Hlatky
Philipp Hlatky

Cannabidiol

Ein natürliches Heilmittel des Hanfs

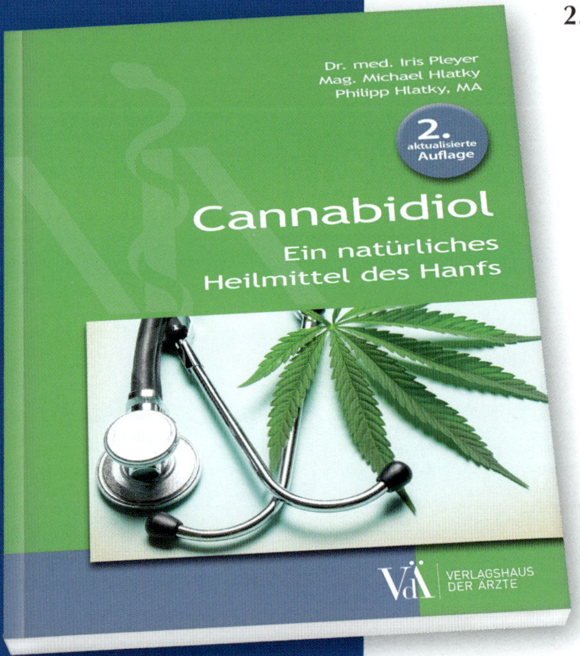

2. aktualisierte Auflage

Cannabidiol (CBD) ist ein Wirkstoff der weiblichen Hanfpflanze, der nachgewiesenermaßen entkrampfend, entzündungshemmend, angstlösend und gegen Übelkeit wirkt.

Dieses Buch bietet einen umfassenden, auf Basis neuester wissenschaftlicher Studien erstellten Überblick zu den Wirkweisen des Cannabidiols. Darüber hinaus werden vermutete Heilwirkungen sowie Ergebnisse der Erfahrungsmedizin beleuchtet.

Nach der gut aufgenommenen ersten Auflage im Jahr 2019 folgt hier nun bereits die um brandneue Forschungsergebnisse ergänzte zweite Auflage. Nicht nur Schmerzpatienten können auf ein neues Wundermittel hoffen ...

176 Seiten
Format 16,5 × 22 cm
ISBN 978-3-99052-226-4
Preis: € 19,90

VERLAGSHAUS DER ÄRZTE

www.aerzteverlagshaus.at

Sigrid Tschiedl
Ursula Bailer

Zum Kotzen

Tagebuch einer Bulimie-Erkrankung

2. erweiterte Auflage

Der Widerspruch: Essen und Erbrechen

Die Geschichte der 16-jährigen Lilly. Bulimie aus der Sicht einer Betroffenen

In einer fiktiven, aber krankheitstypischen Geschichte wird erläutert, wie sich Ess-Brech-Sucht manifestiert und zu einer Krankheit wird. Man erfährt, wie es die Erkrankten schaffen, ihr Leiden zu verheimlichen, wie sie aber auch darunter leiden und wie man als Außenstehender das Problem erkennen kann. In Einschüben werden Diagnose und Therapiemöglichkeiten aus fachmedizinischer Sicht vermittelt.

Das Buch ist ein Erfahrungsbericht, der helfen soll, sich der Erkrankung zu stellen und dagegen anzugehen. Es ist aber auch ein Appell, sich mit der stetig wachsenden Zahl essgestörter Menschen eingehender als bisher auseinanderzusetzen.

196 Seiten
Format 16,5 × 22 cm
ISBN 978-3-902552-85-3
Preis: € 14,90

VdÄ VERLAGSHAUS DER ÄRZTE

www.aerzteverlagshaus.at